凝聚教师成长的力量

教师队伍高质量建设的福山探索与实践

钱 芳◎著

华东师范大学出版社
·上海·

图书在版编目(CIP)数据

凝聚教师成长的力量:教师队伍高质量建设的福山探索与实践/钱芳著. —上海:华东师范大学出版社,2024
ISBN 978-7-5760-4883-4

Ⅰ.①凝… Ⅱ.①钱… Ⅲ.①师资队伍建设-研究-福山区 Ⅳ.①G451.2

中国国家版本馆CIP数据核字(2024)第068984号

凝聚教师成长的力量——教师队伍高质量建设的福山探索与实践

著　　者　钱　芳
责任编辑　彭呈军
项目编辑　孙　娟
责任校对　陈梦雅　时东明
装帧设计　卢晓红

出版发行　华东师范大学出版社
社　　址　上海市中山北路3663号　邮编　200062
网　　址　www.ecnupress.com.cn
电　　话　021-60821666　行政传真　021-62572105
客服电话　021-62865537　门市(邮购)电话　021-62869887
地　　址　上海市中山北路3663号华东师范大学校内先锋路口
网　　店　http://hdsdcbs.tmall.com

印　刷　者　常熟市文化印刷有限公司
开　　本　787毫米×1092毫米　1/16
印　　张　14.25
字　　数　211千字
版　　次　2024年5月第1版
印　　次　2024年5月第1次
书　　号　ISBN 978-7-5760-4883-4
定　　价　68.00元

出 版 人　王　焰

(如发现本版图书有印订质量问题,请寄回本社客服中心调换或电话021-62865537联系)

目录

前言　凝心聚力，助推教师队伍高质量发展　/ 1

第1章　凝聚共识：形塑教师专业成长向心力　/ 1

第一节　学校文化环境与教师素养要求融合　/ 3
第二节　学校办学理念与师资发展目标契合　/ 21
第三节　学校发展规划与教师个人规划结合　/ 35

第2章　凝集智慧：探索教师专业成长原动力　/ 55

第一节　锚定教师专业发展理念目标　/ 57
第二节　探寻教师团队合作发展实践　/ 65
第三节　营造教师团队专业发展文化　/ 69

第3章　凝练策略：激发教师专业成长内驱力　/ 77

第一节　校本研修驱动教师成长的特色构建　/ 79
第二节　项目驱动教师团队发展的整体建构　/ 88
第三节　项目引领教师团队发展的实践路径　/ 96
第四节　实践共同体推动教师队伍高质建设　/ 108

第4章　凝注课堂：增强教师专业成长硬实力　/ 117

第一节　大概念教学，教师落实"双新""双减"的新探索　/ 119
第二节　项目化学习，教师专业成长的新路径　/ 137

第 5 章　凝铸课程：发挥教师专业成长作用力　/ 149

第一节　理念认同，教师共研育人目标指向　/ 151
第二节　缘起实践，开发小学国际理解教育校本课程　/ 154
第三节　迭代实践，开展基于人文探究的国际理解教育　/ 163
第四节　迭代实践，开展人类命运共同体视野下的国际理解教育　/ 170

第 6 章　凝结成长：彰显教师专业发展生命力　/ 179

第一节　建章立制，教师成长添动能　/ 181
第二节　共行致远，师生成长结硕果　/ 188
第三节　共享价值，引领辐射出特色　/ 205

主要参考文献　/ 211

后记　展望未来，实现教师队伍高质量发展　/ 215

前言　凝心聚力，助推教师队伍高质量发展

强国必先强教，强教必先强师。教师是立教之本，兴教之源，是建设高质量教育、实施高质量教育的根本力量。党的二十大报告明确提出，把加强教师队伍建设尤其是师德师风建设作为深入实施科教兴国战略的重要环节。建设高质量基础教育教师队伍，是实施教育强国战略的需要，是推进教育现代化的必由之路，是办好人民满意教育的必然需求。

高质量教师队伍建设对学校教育教学变革有着决定性的重要意义，只有培养一批高质量的教师，有序推进学校教师队伍实现从数量不足向质量提升的有效转变，才能切实助力学校实现变革。上海福山外国语小学基于学校高质量教师队伍建设的实践现状，不断寻找变革学校现状的理论导向，提炼化解当前困境的实践路径，助推教师队伍高质量发展。

一、高质量教师队伍建设的实践现状

上海福山外国语小学前身为上海市黄浦区福山路小学，于 1987 年创办，1991 年划归浦东新区，2002 年改为现名。自建校以来，学校已走过三十余年历程。几代"福山人"筚路蓝缕、奋斗不息，将一所名不见经传的弄堂小学建设成为教育界人士和老百姓心目中的知名小学，使学校实现了从学科特色到学校特色再到特色学校的多次转型。第一个十年是"学科特色立校，让小学校跟赶大开发"；第二个十年是"特色项目强

校,大学校实现新跨越";第三个十年是"打造特色学校,好学校培养现代人";第四个十年正当时,学校正在推进新一轮发展规划,提出"建设未来学校",进一步深化人类命运共同体背景下的国际理解教育,深耕新时代五育并举视野下的未来学校建设,持续将我校建设成为一所具有国际影响力的高品质学校。

近年来,学校积极响应区域教育整体发展规划和区域对于高质量教育的追求,持续扩班。随着大批青年教师的加入,面对不同群体、不同类型的教师的整体发展,学校面临的问题更为复杂,难度更大。虽然学校在长期的教师队伍建设过程中积累了一些实践智慧,但如何促进从教师发展规划到实践转化,从教师支持局部行动到系统行动,从教师接纳认同到参与创造,从教师思维固化到思维激活,仍有待深入探索。

二、高质量教师队伍建设的理论依据

基于以上现状,上海福山外国语小学开始了基于理论指导的高质量教师队伍建设的路径探索。学校从实践共同体的视角入手推进高质量教师队伍建设,以此回应国家文件要求和学校教师队伍建设的现实挑战,强化合作、协商、实践问题取向与身份认同等要素,凸显问题解决、深度合作、互惠共赢、共同发展等特征,立足整体提升学校教师队伍质量,促进学校优质发展,并保持高位发展。

通过梳理现有研究成果,我们发现,实践共同体理论所强化的合作、协商、实践问题取向与身份认同等要素,对于学校破解教师队伍建设的现实困境具有重要的借鉴意义。鉴于此,上海福山外国语小学便以实践共同体理论作为指引,以共同愿景、共同参与、共享资源、身份认同四个要素为抓手,采取适切方式推进高质量教师队伍建设,持续实现高位发展。在教育实践中,一般是以"共同愿景"为合作导向,达成共同发展的价值共识,推进理念与实践转变;以"共同参与"为合作形式,培育互惠共赢的伙伴关系,推进学校创生性实践;以"共享资源"为合作手段,搭建共同体交流平台;以"身份认同"为合作目标,实现由个体、单一的身份向集体、多元的身份转变,推进教师更广泛深入地参与学校实践。

三、高质量教师队伍建设的实践路径

上海福山外国语小学基于实践共同体理论,探索出了高质量教师队伍建设的实践路径。一是学校以实践中教师共同关切的问题为出发点,以成人成事为共同愿景,联通学校发展与个人发展的目标;二是学校基于共同体建设推进教师跨界合作,在意义协商中形塑学校对教育理念的本土化诠释,优化教育资源共享与共同开发,助力学校教育理念的实践与创新;三是学校基于共同体合作推进教师身份建构,纵向推进教师在深度卷入学校建设过程中建构参与性身份,实现专业发展水平进阶,横向推进教师获取多重成员资格,在跨界联通与合作中实现专业发展。因此,以实践共同体为载体,构建高质量教师队伍,有助于教师培养结构化思维,突破学科本位意识,形成纵横贯通的专业思维,在新的教育教学实践中不断获得专业生长力,从而从整体上提升学校教师队伍的综合素养,迸发教育的生命活力。

以上关于教师队伍高质量建设的探索和思考,既是学校多年来致力于教师队伍建设的实践经验,也是本书的逻辑原点。本书聚焦教师专业成长的向心力、原动力、内驱力、硬实力、作用力、生命力,结合大量生动的学校探索实例和教师实践感悟,系统梳理了福山教师队伍高质量建设探索与实践的缘起、历程及成效。

第 1 章

凝聚共识：形塑教师专业成长向心力

21世纪的中国教育改革,是面向世界、面向现代化、面向未来的变革。在这样的变革进程中,"人"是最为重要和起决定性作用的因素之一①。对中小学而言,教师就是推进教育改革的关键"人"。一直以来,理论层面上,教师专业化和教师专业发展都是学界研究的热点话题。实践层面上,如何推动教师队伍专业素养提升是每个校长理应也必须思考的工作重心之一,并且在学校发展规划中占据重要位置。随着研究的逐步深入,一些研究者提出应该用"教师专业学习"来替代"教师专业发展"的概念,尤其是强调建立教师专业学习共同体,让成员之间通过平等的沟通、对话、交流及分享的方式进行合作学习②。而这一切的基础,就在于教师个体对学校发展理念的理解认同以及对个人发展规划的理性思考。

基于此,上海福山外国语小学通过学校文化环境与教师素养要求融合、学校办学理念与师资发展目标契合、学校发展规划与教师个人规划结合的"三合"策略,以期引领教师在学校的实践场域中收获个人成长的力量,让学校发展内核成为教师成长的基石和保障,也让教师队伍的专业化建设为学校教育提质增效注入新鲜动能,彼此之间实现同频共振的良性循环,共同为学生素养发展保驾护航。

---

① 刘竑波.一项关于教师专业发展的实践研究——用多元智能理论促进教师专业成长[D].上海:华东师范大学,2002.
② 杨丽.专业学习共同体视角下教师专业发展的个案研究——以Z市J中学教研组为例[D].郑州:河南大学,2018.

第一节　学校文化环境与教师素养要求融合

文化育人,师育文化。学校文化环境是教师文化形成和发展的重要基础,也是教师文化影响和支撑的重要方面①。

在三十多年的办学实践中,"育人为本、优质温馨"始终是我校对校园文化的追求,"和谐、向上、创新、包容"作为校园文化的核心理念,如薪火一般接续传承,润及"福山"。在这样具有浓郁生命气息和人文关怀的沃土上,我校树师德、正师风、强师能、铸师魂,以"四有"好老师为标准,塑造"高远、高尚、高卓、高雅"的"四高"教师形象,营造"宽容、开放、自主、合作"的"八字"教师作风。在这样"追求卓越、崇尚一流"的教师文化熏陶下,每一代"福山人"都自觉用行动讲述着同一个教育誓言——以完善的人格、渊博的学识、卓越的才能、丰富的情感,许给每一个福山儿童快乐学习、健康成长。

可以说,"福山"文化孕育了"福山"教师,"福山"教师成就着"福山"校园,彼此交融、互为支撑,让"福山"的育人故事充满爱与智慧的底色。

一、营造新时代"育人为本"福山温馨环境

校园文化是一种润物细无声的育人载体。它包括校风、师风、学风,传递着学校的办学理念和精神追求,这是文化的精神引领功能;它也包括各种规章制度、行为准则,

---

① 赵亮.学校行为文化对教师行为影响的研究进展与反思[J].当代教育与文化,2020,12(4):68—71.

规范着师生的言谈举止和礼仪礼貌,这是文化的行为规范功能;它还包括各种文化活动、交流平台,让师生之间、生生之间有了紧密联系和情感互动,这是文化的情感纽带功能。优质温馨的校园文化,会通过精神引领、行为规范和情感纽带,潜移默化地影响着每一位师生。

我校坚持文化育人方式,"育人为本、优质温馨"的校园文化环境创建被写入了办学理念。何为优质温馨?我校的诠释是:和谐、向上、创新、宽容。从27年前第一次被评为上海市文明单位至今,福山人始终置身于宽广的现实背景和历史视域,着力于办学理念和学校文化的传承、坚守与创新,有效整合人、事、物等教育资源,努力构建凝聚人、熏陶人的精神文化,认真培育激励人、发展人的制度文化,积极创建服务人、启迪人的物质文化,创造了卓越的福山教育品牌和文化。

(一)凝聚人、熏陶人的精神文化

"育人为本、优质温馨"在精神文化层面表现为:有着团结和谐、民主友好、相互尊重、公平诚信、共同合作、积极进取的人际氛围,孕育健康向上的校风、师风、学风,使每一个师生在学校里都感到被重视、被支持、被关爱。这是福山人的价值坚守。

福山的教师坚守着"以完善的人格、渊博的学识、卓越的才能、丰富的情感,许给每一个福山儿童快乐学习、健康成长"的教育誓言,始终秉持兢兢业业的职业精神、精益求精的专业精神、无私奉献的敬业精神、温馨和谐的人文精神和永无止境的创新精神,切实肩负起"透过人本的陶冶、知识的启发、能力的培养,让每一个福山孩子学会求知、学会做事、学会合作、学会共存"的神圣使命,把办学理念转化为卓越的办学实践,让福山真正成为启迪智慧、滋养心灵、润泽生命、享受成长的乐园。

福山的学生从小事做起,从点滴做起,争创"福山形象少年",提升文明素养。每月"福山形象少年"的教育与主题活动相结合,少先队队列检阅式、"爱在十月"、诗歌朗诵会、"春风行动,传递关爱"等一个个生动、贴近生活的综合实践活动,让学生置身于文明和谐的氛围里。每年五月份,学校隆重开展"福山形象少年"评选活动,让学生看到自身的长处,自信地面对每一天。福山雏鹰小队传承"快乐奉献"精神,开展"小先锋献礼祖国"行动、"向雷锋叔叔敬礼"志愿行动、"继承红色文化、抒发爱国情怀"实践活动等。在寒暑假里,雏鹰小队的身影活跃在社区各个角落。

清晨,校门口的家长义工,为孩子安全进校筑起了一道屏障,用自己的言行影响孩子,教育他们做一个对社会有用的人;午间,家长义工带领孩子们开展阳光体育运动,将阳光之气、"克服困难、解决问题"的办法传授给他们,让他们在体验运动带来乐趣的同时提高身体素质;一位位家长走进学校课堂,为孩子们带来最前沿、最鲜活的讯息……在福山,每一位家长都会做一回志愿者,做"家长老师"已成为一种风气。

(二) 激励人、发展人的制度文化

学校的规章制度、管理条例、学生手册、领导体制、检查评比标准,以及各种社团和文化组织机构及其职能范围等,都属于制度文化。它是一种外部约束力。我校从制度的制定、实施、评价等方面来创建激励人、发展人的制度文化,营造"育人为本、优质温馨"的文化环境。

首先,遵循国家有关法规、政策精神的要求,制定课程建设、教学管理、学生学习、教师发展、安全教育、校园管理等各个领域各个层级的规章制度,覆盖学校教育教学的方方面面及全体成员。以教师发展为例,我校制定了《教师专业发展学校规划》《教师专业发展整体实施方案》《教师教育规范》《教师评价手册》《教师培训制度》《校本研修管理章程》《名师打造计划》《学校高级教师增长计划》,以及绩效考核及各类评优和奖励制度,建立了教师专业发展的基本体系和常态机制。

其次,以发展的观点来实施各项制度,在实施过程中不断完善,使制度具有健康向上、人文和谐、凝聚团队的文化内涵,成为改善和整合校园文化环境的积极因素。以《教师专业发展学校规划》为例,该规划以四年为一个更新周期,是未来四年师资队伍建设、教师专业发展、课程教学落实、校本研修等系列教师专业发展活动的基本纲领。后续学校再针对具体实施中遇到的问题或者未尽事项,进行内容的调整或相关制度文

件的补充,保障该规划落地。

最后,制度本身不是一成不变的,制度的评价是制度持续改进、保持鲜活生命力的重要途径。评价维度要结合制度本身的目标达成情况、对学校办学的整体影响以及教育教学的时代要求来确定。评价结果重在运用,要依据评价结果,对制度内容去芜存菁,引导学校教育教学朝着正确的、符合校情的方向前进。以教师发展为例,制度目标包括是否能塑造简单做人、踏实做事的良好教师形象,是否能培育教师团结协作、敬业奉献的高尚情操,是否能形成和谐、创新、务实、高效的团队精神和文化品格。《福山质量管理手册》作为学校依法治校的宝典,也是学校办学质量的内部量尺。

(三) 服务人、启迪人的物质文化

物质文化以实体的形式存在。走进一所学校,最先映入眼帘的是学校的建筑设施和校园环境,往里走则是学校的文化设施、文化标识。这些实体元素共同构成了学校的物质环境,借助物质环境开展的节日活动、纪念日活动等共同反映着学校的精神风貌和文化特色。

作为浦东新区一所公办窗口学校,我校可以说一路伴随着浦东新区的开发开放,与其共同发展。在近几年中,学校为积极响应优质教育资源辐射的政策号召,根据上级教育主管部门的要求,2018年由原来的一所大型学校建制为三所独立的公办学校。我校保留了原来的两个校区,2019年接收了原振华职校的商城路校区,又发展为一校三址的规模(福山校区、瑞华校区、振华校区),均毗邻浦东新区陆家嘴金融贸易区——独特的区域位置决定了学校各校区校园的空间有限。我校的物质环境解决的是如何在高楼林立间打造"小而美"的现代化校园,满足地段内人民群众对优质教育资源的需要。

学校根据课程发展的理念,充分利用现有资源,不断建设有特色的"空间",配备专用场所、教室和各种设备以满足学习需求。建设书香校园,设立中文阅览室、电子阅览室、英语阅览室、班级图书角、校园图书墙等,创造走在校园里就是徜徉在书海中的氛

围。建设智慧校园,校园网管理中心、电视导播室等现代化设施正以其现代化、科学化的优势发挥着应有的作用。各校区具有服务于课程特色发展的各类先进的功能教室,拥有物联网电脑房、云计算机房、数字学习中心、校园电视台、录播教室等;同时创立了校园服务号、订阅号,并被命名为"ICS校园合作伙伴"。建设特色功能室,现有国际理解教育空间、创客中心、STEM教室、舞蹈房、音乐室、科常室、版画创作中心、数字美术室、空中小农场等。

我校抓住重大节日、传统节日及时事性的契机,将各种品牌活动贯穿于整个学生学习过程,为福山的孩子提供了更多更广的受教育的机会和展示自我的舞台。学校通过互动式、体验式、跨学科的主题活动,推动每一个学生自主地探索、体验、感悟、交流,进一步转变学生的学习方式。例如,英语学科的中国传统节日及世界节日体验活动,语文学科的"在农历的天空下"二十四节气体验活动,数学学科的"讲述数学家的故事",美术学科的"体验进行时"学生作品展,等等。还有福山小舞台、运动向未来、智创梦想家、最美合唱团……诠释着国际理解教育理念下生动有趣的校园生活。我校还发起了家长社团,让家长结合自己的职业特点,走进课堂。爸爸教国学、国防训练营、手工小制作、读书俱乐部、金融小课堂系列活动等丰富多彩的兴趣课程,已成为家长社团的保留项目。

我校注重福山教师精神的凝练和传承,利用每年的教师节开展主题活动。从2012年教师节至今,我们相继开展了"今天我们怎么做教师""我们在一起"等教师主题演讲比赛,"中国梦 教育梦"教师诗歌朗诵比赛,"德为人先 行为示范"师德征文活动,等等。

在福山文化的熏陶下,我校的校园创建力、社会辐射力、国际影响力不断增强。师生的综合修养与品位在提高,师生的积极心理情绪在焕发,师生的精神面貌与气质在改变,"福山人"以一种示范、引领的作用,在全社会范围内展现着社会责任的担当。

二、塑造新时代"四高""八字"福山教师群像

（一）福山教师"四高"形象

师德是教师文化的基石，是教师职业道德的体现，侧重教师个体的内在品质和精神风貌，强调教师的向内修养与自我约束。我校以新时代"四有"好老师为标准，从教师队伍师德建设实践中，提炼出颇有学校特色的"高远、高尚、高卓、高雅"教师形象，勉励教师以"四高"形象为追求，内修于心，外修于行，不断完成自我塑造。

众所周知，"四有"好老师是指有理想信念、有道德情操、有扎实学识、有仁爱之心的教师。"教育是立国之本，改良社会只有从教育入手。"有正确的教育理念和坚定的教育信仰，教师才能站在国家未来、学生发展的角度看待教育事业，对教育事业充满热情和追求。"其身正，不令而行；其身不正，虽令不从。"有高尚的道德品质和良好的职业操守，教师才能以身作则，保持公正负责的态度，成为学生的良师益友。"知识就是力量。"有广博的知识储备和扎实的教学功底，教师才能胜任教育教学工作，履行传道授业解惑的职责，引导学生成长。"教育之没有情感，没有爱，如同池塘没有水一样。"有爱护学生、关心学生、理解学生的真情实感，教师才能走进学生内心深处，成为学生的心灵导师。

这四项基本素质相互关联、相互促进，构成了新时代好老师的基本特征，体现了人民群众对教师队伍的需求与期待。基于"四有"好老师，又高于"四有"好老师，我校对本校教师形象提出了"四高"要求。

一是"高远"。有高远的追求，做一个有信念力的老师。我校教师应坚定为党育人、为国育才的教育信念，为学生的健康发展不断努力。

二是"高尚"。有高尚的德行，做一个有责任心的老师。我校教师应保持良好的社会品德和职业操守，做学生成长的引领者、发展的支持者。

三是"高卓"。有高卓的发展,做一个有影响力的老师。我校教师应具备高超卓越的专业素养,拥有不断进取、追求卓越的专业精神。

四是"高雅"。有高雅的举止,做一个有包容心的老师。我校教师应热爱教育事业,真诚地尊重学生,努力成为学习型、思考型教师。

"四高"教师形象被写入教师宣誓的誓词中,在每一年的新教师入职大会上久久回响。他们庄严宣誓道:

> 立志做一名光荣的人民教师:
> 做党的领导的拥护者;
> 做爱国守法的模范者;
> 做优秀文化的传播者;
> 做素养厚重的专业者;
> 做严慈相济的育人者;
> 做校园安全的守护者;
> 做言行雅正的教育者;
> 做公平诚信的践行者;
> 做清正廉洁的自律者;
> 做规范从教的责任者;
> 做立德树人的先行者;
> 做勇于创新的改革者;
> 成为一名学生爱戴、家长信任、社会满意的"四有"好老师。

(二) 福山教师"八字"作风

师风是教师文化的重要组成,是师德的外在表现。它包括教师的行为举止、教学风范、学校风尚等,强调教师群体的行为表现,以及教师职业所特有的精神风貌所带来的广泛社会影响。一所学校的师风反映着学生、家长及社会对教师的评价和认可。对此,我校提出"宽容、开放、自主、合作"的"八字"行动追求。

首先,"宽容"是指教师在教育教学中应当具备的一种包容和谅解的态度。在教育实践中,教师要能够包容和尊重学生的差异和特点,允许学生有犯错误和失败的机会,以帮助学生成长和发展。同时,教师也要能够宽容对待同事的不同观点和做法,以促进教师之间的合作和共同进步。

其次,"开放"是指教师在教育教学中应当具备的一种开放思维和开放心态。教师要能够开放地看待自己的教育教学实践,不断反思和改进自己的教学方法和策略,以提升教育教学的质量和效果。同时,教师也要能够开放地看待同事和学生的不同观点和做法,以促进思想交流和知识共享。

再次,"自主"是指教师在教育教学中应当具备的一种自主意识和自主能力。教师要能够自主地制定教育教学计划和方案,自主地进行教育教学改革和创新,以提升自己的职业素养和能力水平。同时,教师也要能够自主地管理自己的时间和资源,以更好地服务学生和社会。

最后,"合作"是指教师在教育教学中应当具备的一种合作精神和合作能力。教师要能够与同事、学生和家长等进行有效的合作和协作,共同完成教育教学任务,以促进学生的全面发展,提升教育教学的效果。同时,教师也要能够积极参与学校和社会的一些合作活动,以促进学校与社会的发展和进步。

我校有一支讲发展、要发展、争发展的教师队伍,它的壮大不仅在于每一位教师的业务水平增长,也在于教师作为整体的人的发展,更在于教师作为社会群体中的人的发展。这离不开"八字"作风对教师的"传帮带"作用,让每一位教师都秉承"自我更新""集体更新"的教师专业发展取向。下面是我校两位教师在见习教师规范化培训后写下的话语。

J 老师

有关于孩子们的"为什么"——

"为什么线段的两个端点是'竖线'而不是'圆点'?"

"为什么我已经会用竖式计算,还要学写横式?"

"为什么乘法口诀只背到九?"

"为什么减法塔最后的差永远是 495?"

……

有关于我的"为什么"——

"为什么学会了演绎推理的方法,却还要重复机械的计算训练?"

"教学目标中'知道''理解'和'掌握'的标准是什么?"

"为什么对称轴一定是一条直线?"

"为什么动手实践操作后,学生对知识并没有深入理解?"

……

如果有个课堂计数器,"为什么"这个词在我的课堂中一定是出现频率最高的关键词之一。而解答无数个可爱的"为什么"则成了我教学生涯的日常,这种"儿童思维"的好奇心模式似乎也传染给了我,让我从入职初期便更多关注学生的思维过程,深入探究并不断优化自己的课堂教学设计,开启了一条教育科研的成长之路。

D 老师

在师父的点拨下,我开始逐渐明白一堂好课是怎么一回事了。我除了像一条小尾巴一样跟在师父身后进班听课外,还积极参与学校的教研活动,认真参加区级的各项集中培训和基地学校组织的各项培训。我对一切能够帮助我上好课的知识充满了渴望。庄重老师所讲的"课堂魅力的制造"令我明白作为一名老师要厚积薄发;蔡万刚老师所讲的"信息技术与教育深度结合"让我意识到教育现代化的重要性;朴亮老师所讲的"训练与练习"教会我在教学中要关注学生练习的出发点……

我想成为一个"武林高手",幻想着自己站在讲台上掌控全场、游刃有余的样子。很快,这样的机会来了。2019年1月,浦东新区第一批课堂教学考评开始了,考评时间定在1月4日。得知消息后,我便开始着手准备。我的同事们在我每一次试教后都给我提出了宝贵的建议。我的师父帮助我完善教学细节,从教学语言到教学时的手势、眼神,都给我做了示范。师父的倾囊相授,同事们的温暖鼓励与支持,令我充满了力量。

(三)"树师德,正师风"行动举措

教师发展,师德为先。加强师德师风建设是建设高素质教师队伍的重要举措,是落实全员、全过程、全方位育人政策的重要组成部分,应贯穿于教师职业发展生涯、教育教学工作全程。为引导我校教师以德立身、以德立学、以德施教,强化新时代"四高""八字"福山教师群像,我校每学年都会围绕"树师德、正师风、强师能"制定师德师风建设方案,设立师德师风建设月,积极开展"六个一"师德师风建设系列活动,并依托师德考核和监督管理制度,切实提升教师道德素养,让立德树人成为每一位福山教师的价值追求和行动自觉。

1. "六个一"师德师风建设系列活动

在2023年师德师风建设月,我校以"立师德·铸师魂·强师能——做新时代大先生"为主题,积极开展丰富多彩的主题系列活动:以一次分享、一场报告夯实教师立德树人的初心使命;以一次征文、一系列主题表彰活动颂扬榜样教师的师风正气;以一系列专题培训、一系列专业实践活动激发教师自我专业提升的意识。

(1)一次分享

活动主题:分享福山教师在假期中的点点滴滴,通过一个个看似普通但是又充满爱和责任的故事,让全体福山人感受到即使是在假期,福山教师的爱与关怀仍在不同的地方闪耀光芒。

分主题:家访——架起家校沟通的紫藤桥。炎炎夏日,班主任们走进一个个"福娃"家庭,用爱与责任,架起了家校沟通的紫藤桥。学生发展部鲍瑞琳老师与朱沁怡、杨琪、吴靖希、张晓勤老师以圆桌分享的形式,讲述了发生在家访过程中的动人故事,向我们诠释着师者大爱。

朱老师写道:"每个孩子都是独特的,四十几次家访是独特的,为我的暑假生活添上了充满意义的色彩。这么多次的家访也有一个共同点,就是让我更加了解我的学生,发现了他们身上我原本没有看到的闪光点。虽然暑假间隔了两个月,但是我与学生之间的联结却变得更加紧密。俗话说,情感是教育的桥梁,有了情感,便产生了责任。作为青年教师,原本对于和家长面对面沟通是忐忑和不安的,但经过家访我深刻体会到,家校沟通不是靠华丽的语言,而是要让家长感受到你是关心、关注、尊重孩子的。热爱、关爱每一个孩子正是师德最基本的品质,我希望能用我的灵魂引领着孩子们的灵魂度过小学的最后一年,奔赴人生精彩的下一阶段。"

分主题:支教——跨越国界的志愿者。我校多年来一直积极参与国际教育交流项目。2023年夏天,青年教师朱铁一老师克服种种困难,不远万里奔赴坦桑尼亚,参加为期两周的志愿服务及学术交流项目。

朱老师写道:"虽然在当地学校的教研已结束,但我们当天的工作还远没有结束。返回宾馆后,我们还会在联教中心专家的指导下,反思当天授课,总结经验,并且再集体讨论第二天的课该如何调整。所以我们每天的工作量还是很大的,确实很辛苦,有老师在连续工作两天之后累倒了。不过令人欣慰的是,我们的付出收到了回报。第一天上课的时候,学生和当地老师还有些不适应上海来的老师,课堂比较沉闷,来听课的老师不太积极。两三天之后,我们发现课堂里越来越拥挤,两三个学生挤在一把椅子上,教室后面的听课老师也越来越多,而且都拿着记录单认认真真地记笔记。在课后的教研环节,几乎每位老师都会分享观点,这让我们非常感动。"

(2) 一场报告

活动主题：榜样的回响。

活动记录：榜样在心，笃志力行。福山全体教师观看"榜样的回响——浦东新区教育系统师德师风建设月专题活动"直播，聆听"坚定的力量"等四场与榜样的对话。周美琴校长在守护特殊儿童这条路上，以勇气、毅力和智慧坚守了三十六年；冯碧薇老师始终怀揣着对科创教育的热情，致力于探索课堂新模式。这些对话激发了全体福山人与榜样间的共鸣，榜样的育人初心和教育理念以及感人的故事深深震撼并激励了福山所有的老师。

(3) 一次征文

征文主题：我的专业成长故事。

征文内容：在福山，每个人在成长中都有着自己难忘的成长故事，每一缕时光都有痕迹，每一步前行都是成长。在展望未来教育模样之前，驻足回首走过的路，目标和远方才会变得更为清晰明确……鼓励教师们把自己的点滴成长故事写下来、讲出来，让所有福山人看到每个人成长中的亮点。把育人中每一件简单的事用心做好，彰显平凡的伟大，那就是爱与责任，师德之魂。

(4) 一系列主题表彰活动

分主题：一次先进宣传——学习先进，弘扬精神。2023年9月8日，学校开展了"躬耕教坛育新人　强国有我担使命"的教师节主题活动，通过"表彰先进教师，弘扬福山精神""不忘教育初心，讲好成长故事""师徒携手结对，共步芳华教海""寻找校园最美，传递福山温情""致敬三十教龄，回首犹记初心""宣誓不忘初心，昂首砥砺前行"等系列活动，激励全体福山教师在优秀榜样的引领下，不断开拓创新，努力践行"四有"好老师标准。

分主题：一次师德承诺——不忘初心，牢记使命。开学伊始，福山的每位老师都签订了师德承诺书。通过师德承诺，每位老师都明确了身上肩负的责任，不忘初心，牢记使命，立志做一名有理想信念、有道德情操、有扎实学识、有仁爱之心的光荣的人民教师。

分主题：一次警示教育——思想铸魂，立德为本。学校开展师德师风警示系列活动，召开师德师风警示教育大会，学习《中小学教师职业道德规范》《新时代中小学教师职业行为十项准则》等师德师风有关文件。通过学习，全体教师能更好地履行教师职业道德规范，提高自身的思想道德素质，做学生健康成长的引路人，营造学校风清气正的育人环境。

（5）一系列专题培训

上海市德育特级教师、上海市中小学德育研究协会班主任专业委员会副秘书长、全国模范教师王卫明老师为我校教师带来讲座"重塑班级"，聚焦儿童成长需求，从"班级核心、班级组织、班级会议、班级活动、班级评价、班级空间"等维度，呈现了班级生活发展的新格局。华东师范大学教育科学学院杨向东教授的讲座"素养导向的课程改革"，要求教师们在单元设计中关注学生素养的提升，素养不只是知识与技能，而是在特定情境中满足复杂需要的能力。浙江大学刘徽教授的讲座"大概念教学：素养导向的单元整体设计"，帮助教师们进一步捋清了大概念教学的概念、实施目的、操作方法等，引导教师们不仅要关心学生学什么，更应关心学生怎么学、如何深度地学。

（6）一系列专业实践活动

暑期的见习教师岗前培训：我校教师团队帮助23位见习教师迅速提升专业知识与技能，为站稳三尺讲台奠定扎实基础。

华东师大新课标研修培训：我校二十余位老师经历了一次次"是什么""为什么"的智慧碰撞，实现了一场追求卓越的成长蜕变。

"责任杯"教学评比：作为促进教师专业发展的传统教学项目，每年一度的"责任杯"活动包括青年教师基本功大赛、跨学科教学展示和探讨，坚持全员参与、全学科覆盖、全过程体验，既保证教师个人能参加分层的教学评比研究活动，又强调教师在不同层面上的合作交流，助推青年教师蓬勃发展，激励经验型教师持续成长，凸显骨干教师的引领示范，从而带动各层面教师专业成长。

2. 师德考核和监督管理制度

我校建立健全学校、教师、学生、家长和社会"五位一体"的师德师风评价机制,完善师德保障机制,将师德建设工作落到实处。建立健全师德建设责任制度,学校成立师德建设工作领导小组,负责对师德建设工作的指导和监管,把师德建设摆在教师工作的首位,并贯穿于学校管理工作全过程。建立完善师德建设各项制度,设立师德考核档案,在教师评优、职称评聘、绩效考核等重大事项上优先考虑师德师风,在职称评聘、推优评先、表彰奖励等方面实行师德"一票否决制",并认真组织落实。学校党组织充分发挥政治核心作用,并充分发挥学校教代会、群团组织在师德建设中的积极作用,形成师德建设合力。

三、锻造新时代福山教师队伍核心素养

中国学生发展核心素养,主要指学生应具备的,能够适应终身发展和社会发展需要的正确价值观、必备品格和关键能力。它以科学性、时代性和民族性为基本原则,以培养"全面发展的人"为核心,分为文化基础、自主发展、社会参与三个方面,综合表现为人文底蕴、科学精神、学会学习、健康生活、责任担当、实践创新六大素养,具体细化为人文积淀、人文情怀、审美情趣、理性思维、批判质疑、勇于探究、乐学善学、勤于反思、信息意识、珍爱生命、健全人格、自我管理、社会责任、国家认同、国际理解、劳动意识、问题解决、技术运用等十八个基本要点。

2023年9月,习近平总书记致信全国优秀教师代表,指出"教师群体中涌现出一批教育家和优秀教师,他们具有心有大我、至诚报国的理想信念,言为士则、行为世范的道德情操,启智润心、因材施教的育人智慧,勤学笃行、求是创新的躬耕态度,乐教爱生、甘于奉献的仁爱之心,胸怀天下、以文化人的弘道追求,展现了中国特有的教育家精神",希望广大教师"以教育家为榜样,大力弘扬教育家精神","为强国建设、民族复兴伟业作出新的更大贡献"。

结合"教育家精神"中所勾勒的新时代教师形象,以及学生素养培育这一价值旨归的目标要求,我们认为,一支高素质的福山教师队伍需要具备相应的素养,具体包括以下几个方面。

(一)筑牢基础,锤炼教师基本功

教师基本功是教师专业发展的基石,锤炼教师基本功是提升教师素养的关键。一般而言,教师应具备三个方面的专业知识和四项专业能力:一是学科知识储备,能够深入理解和掌握所教学科的基本概念、原理和方法,并不断学习,更新知识结构,跟上学科发展的步伐;二是教育学、心理学基础,应掌握教育学、心理学的基本理论和方法,了解学生的认知、情感、个性等方面的发展规律,以便更好地指导学生的学习和成长;三是教学技能与方法,应熟练掌握各种教学技能和方法,如教学设计、课堂组织、教学评价等,在实践中摸索自己的教学风格,探索个体的教育理念和教学方法;四是教学反思能力,能对自己的教学过程进行审视和分析,总结经验教训,发现问题并寻求改进方法,还应借助与同事的交流和合作,共同探讨教学问题;五是教育教学研究能力,应积极参与教育教学研究,了解教育前沿动态,学习新的教育理念和教学方法,并结合实践经验的积累和总结,将研究成果应用于实际教学;六是跨学科教学能力,能够整合不同学科的知识,形成跨学科的教学内容,探索跨学科教学的策略和方法,注重与其他学科教师的交流和合作;七是信息技术应用能力,运用信息技术手段,丰富教学资源,熟练掌握多媒体教学、网络教学等,注重信息技术与学科教学的整合,提高教学效果。

教师基本功的形成过程就是教师专业发展的过程,也是教师学习的过程。教师学习一般有三条基本路径:通过实践积累,从实践中获取直接经验;依托专业知识,从书本、资料中获取间接经验;借助同行经验,从同伴互动中获取智慧。我校注重锤炼教师基本功,遵循教师作为成人的学习机制,基于教师学习基本途径,演绎出校本教师发展理念与多样路径。

我校的教师发展以提升专业化水平为核心目标,针对教育教学实践的具体问题,开展教师个体学习与反思、教师群体合作研究与交流,力图将教师专业发展、教学问题研究、教育实践活动有机整合并加以实施。其发展路径包括:第一,实施覆盖全员的教师专业发展方案,针对合格型教师、经验型教师、教学新秀、骨干教师、学科带头人、名师等不同类型的教师进行分类培训;第二,重视教研团队建设,发展"激励创新、合作分享、融于日常、善于实践"的教研文化,利用教研推进教师本体知识培训,展示总结学科建设经验;第三,开展基于需求的校本研修,包括提升素养的理论专题培训、基于真实问题的教研培训、基于教师成长的实践培训、开展单元整体设计实验,推动研修项目成果进入教师课堂;第四,承担见习教师规范化培训项目,探索完善青年教师培养机制,形成模块化校本培训课程;第五,举办各学科的专题教学研讨展示活动,充分发挥学科带头人、骨干教师的专业引领作用,营造良好的教研、学习氛围;第六,举办"责任杯"教学比赛,坚持全员参与、全学科覆盖、全过程体验,促进各层面教师专业成长,锤炼教师的教学技能;第七,大力开展教师读书活动,每学期组织理论专题学习活动,并推荐两本专业书籍供教师阅读,邀请著书作者来校互动交流;第八,注重教师教育科研,以国际理解教育课题为引领,有机整合素质教育、教师发展、课程建设等工作,建立课题研究网络;第九,组织本地区、跨省、跨市乃至跨国的教学教研交流,主办和承办各级各类教育教学研讨与展示活动,接受咨询并带教各层次教师与管理人员,交流学校的教育教学经验。

(二) 对接国际,拥有文化自信的视野与才能

2002年10月之前,我校名为"福山路小学",以实施"英语情趣教育"为抓手,大力推行英语学科教学改革,以英语学科特色立校。2002年10月,学校更名为"上海福山外国语小学",这个称谓的正式诞生标志着学校进入了新的发展阶段。我校跨越英语学科教学特色,以国家和上海市的新一轮课程改革为契机,敏锐地捕捉到当时前沿的国际理解教育理念,经过反复酝酿和论证,决定以外语特色为发展基点和龙头,于2002年4月推出《小学国际理解教育的实践研究》方案,开始了二十多年深耕国际理解教育的发展之路。2014年,"从这里走向世界——小学国际理解教育的'福山梦'"

获国家级教学成果奖一等奖。国际理解教育已经成为我校的品牌,并不断转化为每一个福山人的国际理解素养。

1. 教师对国际理解教育的实践积累

在推进过程中,我校教师对国际理解教育的理解大致分为"起步:教师主导的知识学习""阔步:学生主体的参与体验""稳步:探究导向的自主学习""健步:问题导向的建构学习"四个阶段。

起步阶段,初步探索出小学国际理解教育的三条具体实践途径。以特设课程为载体传授国际理解教育相关知识,正式出版《国际理解教育小学生读本》(一至五册);以主题活动为载体开展国际理解教育实践活动,形成了增加国际知识、弘扬民族精神、提升综合素养、实践国际交往、关心社会时事等五大类活动;以学科渗透为载体拓展国际理解教育思想方法,要求教师在各基础型课程的学科教学中有意识地渗透国际理解教育理念,进行教学整合设计,撰写教学案例。

阔步阶段,主要有如下三方面探索。一是整合与优化主题活动。针对主题活动实施中的常见问题,如有畏难情绪、不善于合作等,进行有效的干预与帮助。同时,对主题活动的目标、组织形式、时空安排进一步优化,更加注重学生的参与和体验。二是修订与完善校本教学内容。更加关注各个年龄段学生的认知特点与身心发展特点,从儿童的心理逻辑出发;更加重视分析各册读本内容之间的难易程度与递进关系,从国际理解的学科逻辑出发;正式出版《国际理解教育小学生读本》(一至十册)。三是阶段成果总结与论证。学校汇编出版了《小学实施国际理解教育的研究与实践》;召开课题研究成果论证会,申报科研成果评奖;通过输出教学资源、联合教研、培训教师、开放活动等形式,在其他学校开展成果推广实践。

稳步阶段,设计与实施探究式主题教学方案。以系列读本为基本素材,先后共完成了五个年级、57个主题的探究活动方案设计,明确了活动目标、活动主要内容及方式、教师指导重点、实施要点以及评价建议等。开展常态化的教学研讨活动,学校每个校区固定在每周三上午开展一次国际理解教育教学研讨活动,通常是围绕一节课,大家从不同的视角展开研讨、交流与对话,并且由执教者撰写课例研究报告。成立全国首家"国际理解教育研究中心",制定国际理解教育五年发展规划和课程实施方案,用以保障与引领这项研究步入更加专业规范的新境界。

健步阶段,强调重问题解决的建构学习,即围绕日常生活中的真实性问题解决,开展主题化、项目化学习。修订并优化《福山外国语小学国际理解教育课程实施方案》,迭代并更新《国际理解教育小学生读本》,优化并扩充国际理解教育课程主题学习方案,打磨并积累典型的国际理解教育课程实施课例,建设并延展国际理解教育学习场域。

经统计,我校参与国际理解教育课题研究的教师比例是100%,其中有40%多的教师参与了一轮一轮课程的探索迭代过程,有100%的教师参与了国际理解教育主题活动,有100%的学科教师开展了学科渗透实践。此外,有200多人次教师参与了与国外学校的互访活动。自2014年接待英国教育部长访问以来,我校连续7年参加中英数学教师交流项目,有7位教师赴英国参加该项目,除了将中国经验带到英国,我们的老师也收获颇丰;同时,连续6年接待英国教师来我校参加浸润式培训。数学组有11位教师参加了联合国教科文组织教育中心国际中小学数学资源系统重大研发项目。我校已与分布在世界各国的10余所学校建立了姐妹学校关系,并组织师生交流活动,向世界传递中国教育的声音。由此,教师们在国际教育领域获得了更加广阔的视野,其教育观、教学观、学生观发生了重大改变。

2. 教师对国际理解教育的深化发展

在办学的第四个十年,我校选择以人类命运共同体视野下的小学国际理解教育为实践切入口,深化福山教育国际化建设,让每一个福山少年拥有立足中国、融入世界的力量。

为此,我校以"宽容、开放、自主、合作"的"八字"行动追求为引领,通过教师参与国际理解教育、教师指导学生开展人文探究、教师与学生合作研究学科与生活等多种方式,进一步促使教师认可、接受、理解、融合国际理解教育的普遍观念,使其主动意识到国际范围内课堂教学的前沿理念,将学生研究、学科研究、国际理解与课堂教学合而为一,让教学变成研究,让教学变成生活,让教学建基于倾听、对话、尊重、理解。

第二节　学校办学理念与师资发展目标契合

　　学校办学理念是学校的灵魂,代表着学校的办学方向、价值观念、教育思想,指导着学校的所有教育教学实践。一个立足实际、具有前瞻性的办学理念可以引导教师朝着正确的方向发展。师资发展目标是学校对教师队伍建设的规划,应该与学校办学理念相一致。一个适应办学要求、符合师资特点的教师发展目标是实现学校办学理念的重要手段。

　　从占地不足十亩、班级不超过七个,到如今拥有三个校区、三千余名学子,我校历经三十余年,成为老百姓心目中的知名小学。这离不开"让每个孩子享有开阔而适切的教育"办学理念的与时俱进,更离不开教师把先进办学理念转化为卓越办学实践的辛勤劳动。

　　在师资发展目标方面,我校结合学校办学历程与教师发展基础分析,抓住师资发展的关键点;结合学校办学理念与课程改革需要分析,找准师资发展的需求点;结合教师发展挑战内外部分析,明确师资发展的突破点,由此形成我校师资队伍建设的目标规划。

一、学校背景与发展基础分析,抓住关键点

(一)学校办学历程回顾

　　我校为全日制公办小学,前身为上海市黄浦区福山路小学,于1987年创办,1991年划归浦东新区,2002年改为现名"上海福山外国语小学"。学校于2000年、2002年

先后合并增设瑞华校区、花园校区,2004年新建增设证大校区。2018年花园校区、证大校区独立建制。2019年增设振华校区。我校目前有福山校区、瑞华校区、振华校区三个校区,教学班80个,学生3500多名。自建校以来,我校已走过三十余年历程。几代"福山人"接力奋斗,将一所名不见经传的弄堂小学建设成为教育界人士和老百姓心目中的知名小学,使学校实现了从学科特色到学校特色再到特色学校的多次转型。

1. 小学校如何跟赶浦东大开发(1987—1996年)

创办之初,我校是一所规划占地不足十亩、班级不超过七个的小学。为了求得生存,1991年,学校以相对单纯的"学科特色"——英语作为突破口。如果说选择"学科特色立校"是基于学校的现实情况,那么选择英语作为学科特色,则是自觉地把基础教育、人才培养的责任与浦东开发、中国改革开放的时代要求相结合的结果。建校初期的十余年中,我校开展了以英语学科特色建设为突破点的教学改革,带来了教学管理、各学科教育质量、课题研究、学生德智体美等方面的进步与发展,学校的影响力和美誉度不断提高。

2. 大学校如何实现新跨越(1997—2006年)

迈入新千年之初,学校发展成为大规模学校。随着中国的教育改革与发展进入新的阶段,学校必须跨越"英语特色立校"的发展阶段,寻找"强校"之源。为此,得益于英语学科特色打造过程中对师生开放胸怀和全球视野潜移默化的影响,学校以国家和上海市的新一轮课程改革为契机,开始了小学国际理解教育实践的破冰之旅,精心制定了《小学国际理解教育的实践研究》方案。学校以国际理解教育为龙头开展课程建设,不仅开发了国际理解教育校本课程,还带动学校推进全面课程改革,从而实现了从学科特色到学校特色、从大规模学校到现代化学校建设的新跨越。

3. 好学校如何培养现代人(2007—2016年)

进入第三个十年,学校思考的是用什么指导思想去培养在21世纪生活的人,如何培养具备理解、尊重、宽容、合作等优秀品质和必备素养的学生,如何培养具有深厚民族情怀,具有国际意识以及能够深刻理解多元文化、多元制度的现代公民。学校经过论证后,确定了国际化时代背景下的学生培养目标,以打造国际理解教育特色学校为发展目标,在学校管理、课程教学、教师发展、资源建设、学生发展等各领域全面探索,实现了办学成效的不断提升以及学生综合素养的全面发展。同时,国际理解教育研究成果荣获国家级教学成果奖一等奖。

4. 未来学校如何立德树人(2017年至今)

第四个十年正当时,学校正在推进新一轮发展规划。结合全球形势,立足中国立场,学校不仅强调培养学生了解、理解和处理复杂世界的观念和能力,也强调培养其具有文化交流互鉴的能力,更强调参与全球性挑战的担当精神,面临问题和需要的规则意识、共生意识和价值观念,树立人类命运共同体意识。因此,新时代国际理解教育既要把家国情怀作为立德树人的逻辑起点,也要以人类命运共同体构建作为价值指向,着力培育学生的全球胜任力,促进学生全面发展。

(二) 教师发展基础分析

1. 师资力量结构

我校有一支师德、师智、师能三位一体,结构合理的师资队伍,教师发展梯队比较理想。截至2024年1月,在编教师204人,平均年龄为37.3岁,其中35岁以下青年教师占比51.96%;硕士研究生及以上学历占比22.55%,本科学历占比71.40%;正高职称教师1人,特级教师1人,中高级职称教师占比50.98%;区级学科带头人、区级及以上骨干教师、优秀教师占比38.4%。数量和比例均超上海市教师专业发展学校标准。

从近三年的教师队伍结构数据来看,我校35岁以下青年教师占比逐年上升,获得研究生学历的教师占比逐年上升,中级以下职称教师占比逐年上升,优秀教师的比例小幅下降。这是由于我校近三年来招聘了大量新教师,这些教师很多是研究生应届毕业生,而其专业成长需要一定周期,因此还未能达到优秀教师的定级要求。另外,区骨干的评审有三年的累积期。总体而言,随着教师招聘条件对学历的重视程度不断提高,我校师资队伍的学历结构不断改善,优秀教师人数仍然呈上升趋势。

2. 师资组织结构

我校在若干年前就完成了全员覆盖、全学科覆盖的研修组织建设，建立了适应我校特点的各级各类的教研组、备课组。我校设置了学科项目组，即：语文项目组，数学项目组，外语项目组，音乐、体育、美术、信息、科学项目组等。语数外项目组分别设置了相应的年级备课组长，负责学科教研管理，协调教学教研工作。

学校不仅在组织架构上充分考虑了一校三址的整体化教学教研管理的需要，也从人员队伍的建设角度，提前考虑了教师队伍发展后备力量的储备和培养。在前一轮的学校发展过程中，福山仅语文、数学、英语学科，就向外输送了多位学科组组长及以上的骨干教师。尽管如此，我校的各条线教学教研工作仍然能良好开展，学校教学教研的质量仍然十分稳定，这得益于研修组织的精心架构及相应人员的培养和储备。

3. 师资发展机制

我校是全国中小学教师培训示范学校，上海市首届教师专业发展学校，连续八年获评浦东新区见习教师规范化培训优秀基地学校。一直以来，学校秉承"全人发展、幸福成长"的教师发展理念，坚持"四高""八字"的教师培养目标，遵循"整体设计、分类要求、分层推进、联动发展、主动成长"的发展原则，从"文化自信、顶层规划、支持系统"三个层面设计教师专业发展的方法与策略，基于实践共同体理论持续探索学校高质量教师队伍建设的实践路径，在学科建设、项目管理、教学研究、学生培养方面不断深化发展机制和特色优势，从而整体推进教师专业发展。

通过开展各类师德提升、素养培育、专业发展研修活动，激发教师自主发展的意识；通过项目立体引领、研修范式深化、专业资源引入、评价方式激励，激发教师个体的内驱力；依靠完善、成熟、有效的机制构建实践共同体，加速青年教师专业发展，促进教师专业成长，培养了一支骨干教师后备队伍，无论是教师团队还是个人在专业发展上都有了明显的提升。

目前，我校有较为充足的骨干教师储备，形成了一支由各个学科骨干组成的教师指导团队。他们出色地承担起导师的职责，高品质地完成了多轮见习教师带教指导工作,已然成为各个专业发展团队的重要力量。因两个校区独立建制,我校向新建制学校输出了两整套的各类骨干教师和学校管理人员。正是依靠这样一支讲发展、要发展、争发展的教师队伍,我校办学规模不断壮大,办学质量显著提升,办学特色日渐鲜明,品牌效应不断彰显,焕发出了勃勃生机。

(三) 以教师团队与个体的互动发展为关键点

教师团队的发展会对教师个体发展起到促进作用,教师个体会受到教师团队的积极影响。因此,教师团队建设既要关注个别人的专业发展,更要关注团队的整体发展。我校基于实践共同体理论的教师发展实践经验,及其在三十余年办学历史中发挥的作用已然证明这一点。我校认为,学校的可持续发展和高质量发展在于教师发展,而教师发展的关键点在于寻求团队发展与个人发展的双向互动、互惠共赢。一方面,坚持教师团队建设,创建教师发展的共同体文化;另一方面,坚持个体自主更新,赋予每一位教师专业自主权。

1. 教师团队导向的教师专业发展理念

通过教师团队达成同伴互助、群体协商、行动反思的共生关系,以促进教师专业发展的思想,最早可以追溯至20世纪60年代。"同伴互助理论""共同体"和"学习型组织"三大理论的提出,使国际社会开始关注教师团队[①]。教师团队对学校发展的贡献并不是个体的简单累加,而是在相互依赖的基础上产生的一种整体效应,是一种能量的聚集,更是一种责任的担当。鉴于此,学校将教师团队视为一种介于学校组织与教师个体之间的正式群体,以期通过教师团队建设来促进教师团队整体发展,进而实现教师个体发展。

2. 自主更新取向的教师专业发展理念

教师团队建设在教师专业发展上存在一个共同问题:没能在教学工作中赋予教师

---

① 华逸云.教师领导视角下的学科团队建设——基于上海市"小学语文课程开发"团队建设的个案研究[D].上海:华东师范大学,2016.

充分的专业自主性。为了改善这种状况,我国自实施第八次基础教育课程改革以来,引导教师转变身份,成为领导者。学校一直把教师视为自身专业发展的主人,能够为自身的专业发展负责,做好自身专业发展管理,把握机会进行自主学习,扎实推进个人全面发展。换言之,学校秉承自主更新取向的教师专业发展理念,主张深化教师个人发展的"自主性"和"内驱力",激发教师团队"活力",彰显教师团队"魅力"。

二、办学理念与育人目标实现,找准需求点

(一) 学校办学理念

《中国教育现代化2035》系统提出了八个"更加注重"的基本理念,即以德为先、全面发展、面向人人、终身学习、因材施教、知行合一、融合发展、共建共享等。这意味着学校教育要遵循教育规律和人才成长规律,认真领会新时代背景下因材施教的教育意蕴,进而立足每个孩子的个性差异和多元需求,为每个孩子提供适合其自身成长需要的教育,助力每个孩子获得最大程度的发展,进而成为富有全球视野、能够担当民族复兴大任、具备未来胜任力的时代新人。

我校的办学理念不仅与国家教育政策发展趋势、国际教育理念前沿紧密关联,而且充分尊重学校的优良办学传统,并基于社会发展需求进行迭代创新。

在办学之初,我校提出"优化教育环境,让每一个孩子能在适切教育中得到和谐发展"的办学理念,它是在教育实践的土壤中孕育而成、遵循教育发展规律、久经教育实践经验、契合学生发展需要的正确理念,展现了落实因材施教、多元智能、素质教育等教育理念的时代行动。历经三十余年的办学实践,学校办学理念逐渐深化为"让每个孩子享有开阔而适切的教育",这是对已有理念的守正创新,是对教育规律的持续坚守,是对社会发展的积极回应,也是对育人目标的积极思索。

1. 开阔的教育

我校努力为每个孩子创设更加多元的教育资源,探索更为丰富的教育形式,打造更为开放的育人环境,进而实现校内校外、国内国外、线上线下等多元优质教育资源的整合与应用,让每个孩子能够在中华民族优秀传统文化的背景下树立与增强文化自信,在家—校—社协同共育的环境下促进与实现个人成长,在人类命运共同体的视域下思考与解决全球真实存在的共同问题,更好地去认识世界、理解世界、融入世界、创造世界。

2. 适切的教育

我校遵循科学的教育规律,坚持探索新时代背景下因材施教的教育路径,尊重儿童的年龄阶段特征和发展规律,关注每个儿童的个性差异和发展潜能,为每个儿童发展创设优质温馨的教育环境,进而激发其良好的内在情感体验,充分调动每个鲜活的生命个体的积极性与主动性,让每个学生能够享有适切的教育,获得适合自身的发展,实现和谐的精神成长。

福山教育将持续立足开放性、适切性的教育理念,尊重儿童身心发展规律和儿童成长需求,尊重和关注每个学生的兴趣爱好,整体架构旨在促进学生个性化发展的课程体系,积极创建精准、个性、灵活的教育服务体系,进而激发学生的内在动力,释放学生的发展潜能,让每个学生都能得到最佳的、富有个性特质的发展,实现在人文底蕴、科学精神、学会学习、健康生活、责任担当、实践创新等方面的和谐发展,进而体验归属感、获得成就感、提升幸福感。

(二)学校教育愿景

学校立足学生发展的视角,阐释"从这里走向世界"的教育愿景——其蕴含的丰富的教育内涵是:走向更广阔的世界、理解更多元的世界、创造更美好的世界。这三个层次体现了办学理念的守正创新,揭示了福山国际理解教育的发展脉络,彰显了福山国际理解教育的实践追求。

1. 走向更广阔的世界

每个儿童都在这个世界上生活，了解和认识世界就成为儿童成长过程中的重要组成部分。福山学生不仅能在校园里和课堂上通过系统科学的国家课程校本化实施和国际理解教育校本课程来学习关于世界的知识，也可以走出校园、走出社区去感受真实广阔的世界，将关于世界的间接经验和直接经验有机连接，形成对世界的全新认知，进一步激发学习传统文化、了解他国文化、关怀人类命运的兴趣和动力，为更好地理解世界和融入世界作好准备。

2. 理解更多元的世界

每个儿童会对生活的世界形成更多的了解，同时也会生成更多的认知冲突。如何正确地理解多元的世界，就显得尤为关键。福山学生不仅要在系列主题探究活动中深研文化传统，吸收中华民族优秀传统文化，增强民族文化自信，进而勇于向世界讲好中国故事，传递中国声音，更要能够立足人类命运共同体的视角，以积极开放的心态开展跨文化交流与对话，理解和欣赏不同国家的多元文化与他者的观念见解，还要以主人翁的意识关注人类共同福祉，分析和思考国际热点问题与挑战，进一步培养世界眼光和国际视野，深化对世界的认知和理解。

3. 创造更美好的世界

伴随着全球化的不断深入，每个儿童不仅是现实世界的跟随者和学习者，更是未来世界的参与者和创造者。福山学生需要从了解世界和认识世界，逐步转变为融入世界和创造世界，积极关注与参与国际事务，为破解国际难题和热点问题开展合作交流，为集体福祉和可持续发展采取力所能及的实践行动，为建立更加公正、和平、包容和生态的世界持续努力，继而增强对人类命运共同体发展的责任感和使命感，切实提升全球胜任力水平和素养。

（三）学校办学目标

福山以"让每个孩子享有开阔而适切的教育"办学理念为根本遵循，以"打造人文化、生态化、国际化的高品质学校"为努力方向,积极把先进的办学理念转化为卓越的办学实践。

1. 人文化

教育的过程就是人文化的过程,意味着教育要把人类文化中所蕴含的对美好事物的欲求转化成正在成长的青少年个体内心之中对美好事物的生动欲求,意味着学校教育要关注每个鲜活的生命个体,要关注每个学生的心灵浸润与内心体验,要关注每个学生的生命发展和幸福成长,从而激发学生的内在动力,以更加主动、积极的姿态绽放生命的精彩,培育学生健康且完整的人格。学校坚持为每个学生提供适切的教育,努力了解每个学生的个性与兴趣,积极开展个性化教育,满足学生的多元发展需求;努力从多角度出发营造学校良好的育人氛围,关心每个学生的成长与发展,不以学习成绩为唯一指标,用发展的视角看待学生的点滴进步;努力推进课堂教学转型,一改灌输式教育的弊端,让学生经历更加多样化的学习历程,探寻学习的兴趣与乐趣所在,感受文化对心灵成长的滋养,促进生命成长与人格完整。

2. 生态化

教育的生态化是指要尊重生命、尊重个人成长规律、尊重教育规律,运用可持续的、健康的、适切的方式促进个体发展和社会发展。这意味着学校教育在办学理念和教育改革上要做到守正创新,开启教育高质量发展的新征程。学校教育要从内外两个层面来建构教育生态,为实现育人目标提供强有力的支持体系。学校一直坚持以"自然、开放、融合、创造"为基本原则,以"培养孩子的完整人格和健康发展"为目标,在校园环境上着力给师生们创造自然优美、温馨和谐、富有活力、融合技术的教育环境,让孩子能够感受到物质环境的生命感、人文感、科技感;在学校改革上系统关注影响孩子成长的多种因素,整合学校、家庭、社会等多方资源,让各种资源之间形成连接与合力,共同建构全社会协同育人的全新学习环境,为每个学生成长营造良好的教育环境。

3. 国际化

教育国际化是经济全球化的需求,是我国教育改革与发展的需要,也是日益频繁的国际教育交流与合作的必然趋势①。学校积极开展国际理解的研究与实践,早期探索更多的是"向世界学习",强调让学生走出中国,走向世界,了解与理解国际上不同国家的文化、风俗、经济与政治,与世界和谐共处。后来逐步转向"增进彼此的交流与互动",强调不仅要让学生"走出去",也可以让国外的学生"走进来";不仅要吸收国际优秀的教育资源,也要传播中国文化。随着中国特色社会主义进入新时代,中国在国际舞台上的地位愈加重要,必将以更宽广的世界眼光、更自觉的国际责任、更进取的大国担当,开辟外交新局面。这一切赋予了国际理解教育新的内涵与使命,要以坚持和平发展道路、推动构建人类命运共同体为根本遵循;要对学生加强中华民族优秀传统文化教育,理解与践行社会主义核心价值观,增强学生的国家认同感和文化自信;要鼓励学生面向世界讲好中国故事,传递中国声音,成为传播中华文化的使者,增强我们对外部环境的塑造力和影响力;要引导学生具备国际视野和胸怀,关注世界发展情况,关注人类共同福祉,为推动人类发展的共同愿景,为建设共有的美好家园承担责任、付出努力。

(四)学校课程需要

在梳理学校课程时,我们发现有些问题亟待慎重思考和解决。

一是学校课程设计还需要进一步强化。顶层设计理念要求我们用全局的视角和系统的思维来考虑学校课程建设问题,重视学校课程的整体性及其课程体系的构建与课程实施、评估体系的结合。今天,学校课程建设有了很大的空间,如何在开发校本课程的同时统整三类课程,使学校课程更适合学校的师生?对此,要加强推进学校各类拓展课程内容资源的梳理,积极开展课程校本实施的顶层设计,并能形成迭代更新的方案或实施说明。为了实现这一目标,学校在课程建设中需要对课程整体进行顶层设计,形成适切性的课程体系。我校虽然在不同学科、不同主题模块下开发了丰富的课

---

① 王建梁,余子侠.拓展视野 探索创新——中外教育交流国际学术研讨会综述[J].河北师范大学学报(教育科学版),2011,13(09):108—112.

程,活跃了校园生活,促进了学生的发展,但是还须探讨"各类课程之间的关系是什么""课程目标与育人目标的关联度在哪里""课程实施中学习方式变革指向是什么""各类课程以一种怎样的方式呈现"等问题。学校课程建设的使命,就是回到整体,回到系统的顶部,进行思考与规划。

二是学校课程理念还需要进一步提升。学校课程的实施,就是有效利用课程资源的过程。在学校课程资源开发与利用的过程中,"人"的因素——教师,非常关键。他们决定着课程资源以怎样的面貌呈现给学生,学生又是以怎样的学习方式乃至生命方式经历这一课程。教师通过合作、讨论、计划、实践、评价来开发适合学生发展需要的课程。在这一课程研发的关键环节,我们还须进一步完善规范性的课程开发结构与流程。

三是学校课程体系还需要进一步建构。学校课程是落实办学理念和育人目标的核心部分和关键环节。办学理念、育人目标、课程理念、课程目标、课程内容、课程实施、课程评价等,应该有内在的一致性,如此才能促成学校办学效率的最大化。因此,我们须进一步加强一致性思考。校本课程的拓展类和探究类资源有待进一步系统梳理。校本课程需要在学生自主性与选择性的基础上继续推进,并在学科融合和学以致用方面作进一步的探索和实践。教师在新一轮的课程改革中仍需要不断提高专业能力,关注每个学生,促进课堂教学转型升级和教学质量的全面持续提升,结合课程标准及内容的修订与升级,加强课堂教学转型的实践研究。此外,我们还须研训结合,着力提升各学科梯队、团队的整体实力。

三、教师发展挑战内外部分析,明确突破点

(一)教师发展挑战外部分析

1. 课程改革要求提升教师课程改革胜任力

教育改革的核心在于课程改革,课程改革的核心在于教师专业发展。立足义务教

育"双新""双减"的新时代背景,以及新一轮课程改革的推进,党和国家对教师队伍建设赋予了新内涵、新使命,同时对全体教师提出了新挑战、新要求。学校需要关注高质量教师队伍建设,全面提升教师课程改革胜任力,不断推进课堂教学转型,实现学与教方式的转变,落实立德树人根本任务。那么,如何提升教师课改胜任力,成为我校教师发展面临的关键问题。如何在新时代课改背景下实现教师教育理念的更新和教学实践行为的转变,成为我校教师发展的核心关切。

尤其是近年来,学校积极响应区域教育整体发展规划和区域对于高质量教育的追求,持续扩班,吸引了大批青年教师加入福山。"快速提升青年教师的课程改革胜任力"成为我校教师发展的显著需求。此外,学校在长期的教师队伍建设过程中观察到:虽然学校对教师发展的规划已十分全面,但实践转化有待增强;虽然教师发展的支持行动已局部开展,但系统行动有待深化;虽然教师接纳认同课程改革理念,但在课堂上落地创造的能力有待加强;不同群体、不同类型教师的发展需求、发展特征不尽相同,面对不同群体、不同类型的教师的整体发展,如何提升课程改革胜任力这一问题变得更为复杂,难度更大。

2. 入学人数激增对优质资源提出迫切需求

由于浦东新区人口导入政策等的因素,我校所有校区的适龄儿童持续增加,面临地段内入学人数激增的巨大压力。受区域条件限制,短期内学校资源配置无法满足入学学生的持续增长,因此,在统一部署下,学校不断增加学位以缓解入学矛盾。在极其有限的学习、活动空间中,单位面积内学生的高密度增加了安全管理的难度,日常的教学活动提升了教师的工作强度。学校不断面临各种挑战,例如教师的工作负担加重,部分教师疲于应对日常事务,难以有更多的时间与精力投入到专业发展中。学校通过调研,了解到社会各界和学生家长非常关注学校的发展进程,也非常信任福山教育。对此,如何保障群众对优质教育资源的需求,是学校亟待解决的重大问题。

3. 成熟教师输出对加速教师队伍"自我造血"提出要求

学校以优质资源辐射为己任,努力根据政府和人民的要求办好每一所学校。在30多年的办学中,不断扩大主体办学规模,每年扩班,每年引进、培养大量新教师;近

10年，输出了一定数量的骨干教师和管理人员，以发展新办学校及独立建制校区。2018年2月，根据上级工作部署及学校发展实际，福山四个校区中有两个校区独立建制，为保障每个独立建制学校的优质发展，学校以团队的形式输出了整班管理人员和成熟型骨干教师。我们明白"输出资源"是我们该有的担当，同时也深知，作为一所处在高位、有历史却又"年轻"的学校，必须想办法保持进步和蜕变出新，这对如何加速教师队伍"自我造血"提出了严峻的挑战。

（二）教师发展挑战内部分析

1. 目标缺乏发展性，未能充分发挥引领实践的功能

尽管学校要求每一位教师结合学校办学理念和特色制定了个人专业发展规划，但是教师个人专业发展规划往往没有与国家层面的育人目的进行有机整合，缺乏宏观视野和全局考量；没有与学校办学愿景和办学理念进行深度融合，缺乏相应的支持体系；也没有与课堂教学实践变革进行有机结合，缺乏实践指导能力。也就是说，教师发展目标与不同层面育人目标的关联度不强，一定程度上削弱了目标正向引领的价值。因此，引领教师制定科学适切且可行的发展规划就成为学校激发教师活力的重要举措。

2. 参与缺乏深度性，未能在实践参与中提升胜任力

学校层面虽然积极倡导全体教师投入到实践与研究中去，甚至组建了不同层面的教师团队，但教师在相应的团队中，多是按照任务分工的要求去做相应的事情，缺乏对某一个项目的深度思考和持久关注。同时，教师团队的专业引领和同伴支持程度较弱，致使教师专业水平存在同水平反复的情况，很难在短时期内将专业胜任力迅速提升到教学变革要求的高度。因此，把一个个项目团队培育成为真正意义上的学习共同体，就成为非常重要的挑战，并将有益于建构互相学习的平等关系，促进同伴间的深度支持，继而实现团队教师的共成长、共发展。

3. 评价趋向于外部力，未能重视常态化的内在成长

通常教师会习惯性地关注外部赋予的正向评价、荣誉晋升等，但是外部资源的稀

缺性和不确定性,致使多数教师参与一段时间研究后仍没有显著的获得感,从而不愿再持续地投入行动与精力。因此,如何让教师把获得感从外部评价转向内部评估,从长周期的外在荣誉转向日常化的内在成长,继而去关注课堂教学的变化、学生的成长和自身的纵向发展,是学校需要持续探索与推动的重要议题。

(三) 以分类分层、"自我造血"为突破点

一所学校的发展,关键在于教师队伍的培育与成长,其中优秀骨干教师是学校最宝贵的资源。学校深知"输血"的价值所在,更深知"造血"的时间成本。面对"输出优秀教师资源"的短期压力,带着教师队伍"自我造血"的长期思考,我校认为突破教师专业发展的困境应瞄准三个方面:快速提升专业化管理团队岗位胜任力;优化经验型教师及骨干教师结构;加快青年教师培养。

对此,我校提出"分类要求、分层推进"办法,积极探索适合学校现状的教师专业发展道路,力求不断集聚人才,培养一批新的骨干教师和管理人才。如表1-1所示,我校自上而下明确了不同教师的发展需求,基于需求厘清不同专业发展阶段的目标,帮助教师找到个人成长定位、发展方向,激发专业自觉。分类分层的规划具有内在的一致性,青年教师夯实专业基础,骨干教师强调扩散专业影响,经验型教师注重突破经验瓶颈,以项目研究方式推进教师梯队发展,在最大程度上实现学校整体发展和教师个体发展的有机结合。

表1-1 教师分类分层发展团队目标

类别	目标
青年教师团队	规范教学实践、夯实专业基础、积极创新实践
骨干教师团队	提升专业实力、引领课堂实践、扩散专业影响
经验型教师团队	保持持续学习、突破经验瓶颈、融入内涵发展

例如,在制定教师个人的三年专业发展规划时,分别对青年教师、骨干教师和经验型教师提出不同要求,确立符合其各自发展定位的目标,并配以相应措施来落实。又如,在"责任杯"活动中,我们针对不同发展阶段的教师设计了不同的教学活动,青年教师参加教学基本功和基于规范的课堂教学评比;骨干教师对新教师开展指导课并做专题分享;经验型教师结对开展基于课堂改进的研究课。再如,在各学科项目推进过程中,骨干教师与专家发挥核心引领作用,负责项目的策划和方案设计;经验型教师作为项目实施的中坚力量与骨干教师一起承担主要的项目实践工作;新教师则在骨干教师和经验型教师的指导帮助下,参与特定的项目工作,既得到了锻炼,也促进了专业提升。

立足现实挑战背后的原因分析,学校会更加明晰未来发展的方向。积极通过搭建发展平台、整合多方资源、制定相关制度等方式来激发教师发展的内驱力,促进不同层面教师实现专业成长;积极把握教育政策的发展方向,为教师职称评定、区骨干教师和区学科带头人评审等做好前期指导工作,助力教师实现专业晋升;积极建立健全各项保障机制,为推进学校教育变革和课堂转型提供强有力的支撑,让每位教师都能感受到学校的深度支持,从而为实现学校办学目标共同努力。

第三节 学校发展规划与教师个人规划结合

学校发展规划是整个学校未来发展的行动指南,为教师个人规划提供宏观指导和支持。教师个人规划是教师职业生涯的具体方案,教师个人规划的实现能为学校发展规划的实现提供有力保障。有机结合学校发展规划和教师个人规划,提高其一致性,有助于实现学校和教师的共同发展。

我校立足学校整体、教师群体、教师个体等不同层面,逐步细化教师专业发展的设计与实施内容。其一，基于学校发展规划，长远设计教师专业发展整体规划。学校提出了教师专业发展理念，明晰了学校各年度教师专业发展目标、途径、内容、举措、机制等，形成了教师队伍建设的整体思路与举措。其二，基于学校师资需求，切实设计教师专业发展实施方案。学校界定了不同专业水平教师的划分标准并据此将教师分门别类，提出不同类别教师的专业作用、上升途径，提供差异化的专业发展支持。其三，基于教师个体特征，双线推进教师个人专业规划。教师借助学校层面的教师发展规划和推进工作，基于个人现状和发展需求制定个人专业规划，细化阶段目标和工作任务，主动寻求全面发展。由此，我校形成了相互作用、差异支持的教师专业发展路径，教师队伍整体发展、不同教师团队发展、教师个体发展都有参考规准，帮助教师实现规划—实施—反思—改进的螺旋上升式发展。

一、立足学校办学规划的教师发展规划设计

我校以四年为一周期，制定教师专业发展整体规划。以《福山外国语小学教师专业发展四年规划（2017—2020）》为例，基于福山十年的总体办学目标——"打造国际理解教育特色学校，丰富福山教育品牌文化内涵"，该规划制定了教师专业发展工作总目标，细化为八个领域发展目标、四个阶段核心目标与普遍目标。在分层分类的目标引领下，开展"课程建设、教师发展、教科研推进、数字化校园建设"四项重点工程，制定了相应的工作内容和实施举措。同时，规范人、财、物等各项资源的保障，形成教师专业发展的保障体系。

（一）教师专业发展目标

教师专业发展总目标从教师专业发展实施管理、教师专业成长的期待结果、教师专业发展成效成果上做出规定。

第一，统整并进一步完善教师专业发展过程中的管理运行机制，进一步强化主动

与和谐发展的氛围,学校服务全员发展、推动全员发展,让每个教师都能自主发展、充分发展。第二,培养师德高尚、观念前瞻、视野开阔、教育教学素养优秀、人格完善、情感丰富、勇于开拓的福山教师,使原本已趋于合理的师资队伍结构能更为优化,保障整体性的可持续发展;培养一批在全国、全市和全区有一定影响的教师,发挥各学科领域领军人物的作用,向校内外辐射优质教育资源。第三,促进教师专业发展实施过程中的经验积累和研究提炼,力争形成一批有引领借鉴价值的成果经验。

教育专业发展领域目标从专业发展机制、专业发展管理、学校课程建设、课堂教学改进、教师专业发展、教育科学研究、信息技术融合、教育国际化八个工作内容领域做出规定。例如,专业发展机制领域目标——要以"自主优先、分层协同"为机制特色,在已有学校教师专业发展机制的基础上,进一步优化相关制度;专业发展管理领域目标——要以"点面结合、绩效并重"为管理特色,在已有基础上,通过新一轮的发展,进一步完善师资队伍结构,完善教师专业发展的评估;教师专业发展领域目标——要以"立足专业、追求卓越"为机制特色,以"树师德、正师风、强师能、铸师魂"为主题,大力弘扬新时期教师的职业精神、专业精神和敬业精神,提高教师的综合素养。

教师专业发展阶段目标根据时间跨度,对"十三五"期间,即2016年9月至2020年8月各个阶段目标做出大致规划,将八个领域发展目标大致划分,提炼核心目标,汇聚普遍目标。例如,第一阶段(2016年9月—2017年8月)工作目标中,核心目标之一是以促进教师发展为轴心,整体提升教师自主学习能力。一方面组织教师深入解读学校专业发展规划,让每一位教师全面知晓、透彻理解学校未来发展的方向与目标,为促进学校发展肩负起一份责任;另一方面着力加强教师的自主学习与专业发展,指导教师制定个人专业发展新三年规划,帮助教师明确个人成长的定位与方向。核心目标之二是以巩固专业发展成果为导向,系统梳理福山作为教师专业发展学校的成功经验。进一步梳理、提炼多年来所积淀的教师专业发展经验,包含高效的组织架构与管理,高效的人才培育与使用机制,高效的教研教学模式与实践方法,开放的教材完善与课程开发体系,良好的创新创优文化,良好的师生互动、家校互动以及教学相长的氛围营造等,逐步形成福山专业发展成果系列。普遍目标包括:深化、创新学校管理机制体制改革,进一步强化教师专业发展管理机制,完善各项规章制度建设,优化提升现代信息技术应用于学校管理中的效能,保证各项工作规范、有序、高效运行;启动"福山教师专业发展校本机制探索与实践"内涵项目;启动实施"福山教师专业素养提升计划";探索学校转型发展与教师专业成长的有效机制,开展有关教师校本培养的课题研究,鼓励不同学科教师参与课题研究,以此为抓手推进校本特色培训课程开发,初步形成福山教师专业发展校本特色师训课程模块系列。

(二) 教师专业发展内容与举措

"课程建设、教师专业发展、教科研推进、数字化校园建设"四项重点工程中,教师专业发展工程详细规定了教师专业发展工作的内容方向和主要举措。课程建设作为学校教育的主阵地,其内容与举措是教师专业发展的出发点和落脚点。教科研推进工程、数字化校园建设工程保障了教师专业发展。

以教师专业发展工程为例,该工程重点在于继续开展教师专业发展学校建设,鼓励教师勇于探索,改革教育教学方式,推进教育实践创新,不断提高教书育人能力;将教师的创新实践和成效纳入教师职务晋升、考核评价指标体系,逐步形成以业绩贡献和能力水平为导向的教师评价机制;努力把学校建设成师生共同成长的福地、教学教研的高地、前沿成果孵化的基地。

教师专业发展工程的主要内容包括:

(1) 落实新一轮《福山教师专业发展规划方案》。继续深化教师专业发展学校建设工作,分类促进教师发展,帮助教师找到个人成长定位和方向,促进各层面教师增强自主发展意识,形成一支结构合理、可持续发展的师资队伍,培养一批在全国、全市和全区有一定影响的教师,发挥领军人物的作用,向校内外辐射优质教育资源。

(2) 进一步完善教师专业发展过程中的管理运行机制。大力开展教师读书活动,激发教师主动学习的积极性,形成终身学习的习惯;不断完善教师专业发展过程中的管理运行机制,形成主动与和谐发展的氛围,学校服务全员发展、推动全员发展,让每一个教师都能自主发展、充分发展。

(3) 大力开展教师教学设计指导与教学比赛。重视内容、教、学三者关系的协调,提升教师的教学设计能力、预演教学和课堂组织能力,以学科教研、学科展示、"责任杯"教学比赛为主要途径促进教师专业发展。

(4) 推进教师个体与群体的课题研究。以实践经验与问题为切入点,促使每个学科教研组、每个教师都能找到需要研究的小课题,培育研究型教师,使研究成为教师的工作常态,鼓励教师开展主题式、探究式的实践研究,通过研究改善教学实践,使零散的实践经验升华为系统的教育思想。

(5) 着力打造对外具有影响力的专家型教师队伍。积极培养学校各领域的一批高端教师,并以这支队伍为核心引领骨干群体和全校教师开展新一轮的学校教学课程创新改革,形成一系列教学成果,通过广泛的专业交流提升学校的专业影响力,并对外进行辐射。

教师专业发展工程的主要举措包括:

(1) 强化教师的专业阅读。组织全校上下积极开展读书活动,学校定期向教师推荐书籍,鼓励教师撰写学习心得,组织读书沙龙开展交流,分享读书体会,使全校上下形成热爱读书、热爱学习的良好风尚,逐步把福山营造为"书香校园"。

(2) 发挥"责任杯"教学比赛的功能与效应。以每年一次的"责任杯"教学比赛为核心,学校组织教学设计指导和培训,开展教学设计研讨,围绕内容、教、学三大核心协调相互关系,提升教学的和谐度,加强教与学状态的预设和效果达成,以构想和设计促进课堂生成与课后反思。

(3) 分类推进教师发展。按照最新的福山教师专业发展水平现状,将全体教师的专业发展划分成六个类别,即名师、学科带头人、骨干教师、教学新秀、经验型教师与合格型教师,分类推进教师发展。各类教师在公开教学、带教、学科建设、科研、对外培训等方面都须达到相应的要求。教师要积极开展课题研究,不断提高自身的专业水准。

学校规定，名师、学科带头人、骨干教师三个类别的教师都必须参与和主持学校的对外培训工作，而教学新秀则可以积极参与部分的相关工作，或配合骨干开展培训。

（4）落实教师个人专业发展三年规划。教师制定个人专业发展的三年规划，规划落实自我监控网上平台，加强教师自我监控；学校通过期初、期中、期末的考核，加强对教师落实规划的指导与帮助，帮助教师在教育实践中盯住发展方向和发展目标，一步一个脚印实现目标，成为一个自我导向、自我驱动、自我调控的发展者。

（5）完善学校自培机制，建立多样、务实的教师培养模式。加强校本研修建设，发展校内的培训教师；提升教研活动的质量，组织高效的教研活动；完善学校师资自培机制，健全制度，设置机构，专人负责，坚持"因人施训""因需设训"的原则，加强培训活动的全程化管理，及时总结，向外辐射。

（6）借助校园网平台，提高师资队伍建设的效率。开展理论与技术应用培训，不断提高教师的信息技术与学科整合的能力。学校信息资源部根据教师的实际和学校发展需要，定期举办培训活动，向教师传授新的信息技术，培养教师自觉地将信息技术与学科教学整合起来的意识。

（7）进一步完善教师成长记录平台。记录平台能帮助教师养成积累第一手教育教学资料的习惯，并以此促进教师不断进行专业反思、改进、总结。建立网络教学资源库，利用信息技术，拓展教师培训、学习的资源，使教师通过网络及时了解各类教育教学改革信息，了解最新的教学研究动态。继续优化校园网学生课业评价数据系统，为教师自我专业评价提供客观的数据资料。

（8）着力整合外部的各类专业资源，推进专家型教师培养。在加强校本研修建设的同时，学校积极拓展和整合外部的各类专业资源，全力推进专家型教师的培养；重新升级学校的专家资源库，为校内优秀教师聘请高端导师，推送优秀骨干教师参加相应的国培项目，支持优秀教师参加市区各级各类高端培训，争取机会帮助教师参与区骨干教师及学科带头人的评选；适当借助高校及社会的优质资源完善学校高端师资自培机制。

（三）教师专业发展保障机制

1. 组织保障

为提高学校教师专业发展规划目标的达成度，学校特建立学校教师专业发展规划实施领导小组，总校长为组长，副校长、校区校长为组员，各专业职能部门负责人为规划制定的参与者和实施者，分工明确、责任到岗、责任到人，形成合力，提供人、财、物的基本保障。同时，坚持发挥学校党支部、团支部、工会和教代会的作用，通过组建由教师代表、职工代表、家长代表、专家代表以及行政部门等组成的规划执行监督小组，检查并保障计划的认真执行。

2. 制度保障

学校成立教师专业发展领导小组，统筹引领学校全体教师个人专业发展，并且通过《福山ISO900质量管理手册》的及时更新与补充的相关制度文件，详细规定了各项教研活动的时间、地点、人员、方式、内容、实施流程等一系列管理要求，为提升全体教师的专业水平提供重要的制度保障。建立计划、检查、反馈、调整、评价等循环机制，进一步完善各项规章制度，使制度管理精细化、规范化、经常化、制度化；实行例会制度，定期对教师专业发展工作进行汇报、评估、监控，及时总结成绩和不足，推动这一工作；健全监督评价制度，监督评价要做到自评、互评相结合，还要结合校务公开，由学校、教研组、教师个人等共同参与评价监控，在规划实施过程中不断调整。深化学校人事与分配制度改革，建立教师专业发展工作的考评制度，把教师专业发展工作的成效纳入校长、主任、组长及教师个人考核的范围，把是否促进教师专业发展作为评聘和奖惩的依据；完善激励机制，通过设立专项奖励机制，对于学校发展规划实施成绩显著的部门、人员给予必要的奖励；将教师发展状况的评估与教学质量评价联系起来，用发展性、过程性的评价激励教师更好地自主发展。

3. 专业保障

学校各学科都有自己的专家团队。专家由市区两级教研员，大学、研究机构的教师、学者等组成。专家组定期到校听课指导，根据学校的需要，教师的特点提供专业化服务，或是指导面上的教学，或是带教骨干教师。学校亦成为专家的研究基地，他们积极为学校引进各类研究实验项目，从而实现多赢。此外，学校还聘请知名教育教学专家、学校管理专家组成顾问小组，对计划的制定、实施、调整进行专业指导，对学校教育教学、课程建设、教师培养等工作进行指导。

4. 师资保障

重视师资队伍建设，注重教师自培自育工作。学校分类推进教师发展，通过教师培训、专家带教、课题研究、专题讲座、实践任务、开展观摩学习等途径，不断提高师资队伍的整体素质；关注青年教师的持续快速发展，加强骨干教师的培养力度，加快名师、学科带头人的培养步伐，为学校发展提供坚实的人才储备。

5. 物质保障

确保各项经费投入，科学合理、精打细算地使用经费，以保证学校规划及时、优质地完成；保证有固定经费邀请专家指导，以提高教师的专业水平；专项经费支持教师专业考察、进修及参与各级各类培训；保证有较为充足的经费支持学校的各项重要实验及科研项目的开展，为促进教师专业提升的内涵发展注入活力；更新与调整学校设施设备，为师生发展提供环境支持。

二、基于学校师资需求的教师发展规划设计

2012年，我校制定了《福山外国语小学教师专业发展整体实施方案》1.0版本。作为深化教师专业发展学校建设工作的一项举措，该方案旨在分类促进教师发展，帮助教师找到个人成长定位和方向，促进各层面教师增强自主发展意识，形成一支结构合理、可持续发展的师资队伍，培养一批在全国、全市和全区有一定影响的教师。为此，该方案首先提出教师专业发展水平标准，对应教师的不同水平提出专业发展方向，指出关键事件，提供个性化的专业发展支持，引领教师自我突破实现成长。

（一）教师专业发展水平分类

参考《教师专业发展学校建设规划》和《加强教师专业发展工作的若干意见》，按我校最新教师专业发展的水平现状，将全体教师的专业发展划分成六个类别，即名师、学科带头人、骨干教师、教学新秀、经验型教师与合格型教师。划分的参考标准如表1-2所示：

表1-2 教师专业发展类别的参考标准

骨干类别	参 考 标 准
名师	具备一定的学术素养，在课改与教改领域有成功的实践成果，能对学科建设起到引领作用；在全国及市范围内有一定知名度
学科带头人	具有前瞻的教育教学理念、较强的教育教学实践总结能力，能带领教师解决实际的教学问题；在市区有一定知名度；能带教其他教师
骨干教师	有较丰富的教学经验、较强的教学能力及大家认可的教学实绩；能参与带教青年教师
教学新秀	有较好的专业发展潜力，教学基本功强；对自身发展有较高的自我要求，教龄在一到五年
经验型教师	熟悉教学常规，有自己较为成熟有效的教学经验，教学质量可靠稳定
合格型教师	能合格地完成常规教学工作，教学质量有保障

教师专业发展水平有一套申报、进阶的程序。我校规定，教师要在每年六月份的第三个星期，按照专业发展分类进行申报。申报方式有三种：(1)教师自主申报。教师可以根据发布的方案，对照自己的实际情况提出相应的申报。(2)组织推荐申报。由学校工作组根据教师的专业发展实际水平和对应的骨干类别，推荐相关教师进行申报，即使部分条件尚未满足。(3)自动转入申报，现任类别或相等类别教师继续新一轮的实施，可在工作组认定后继续申报相应类别。申报结果会在每年九月份教师节公布。

（二）不同发展类别教师的专业作用

教师的职责是多元的，不同发展水平的教师履行职责时的作用各不相同。结合职责任务的可量化性、经验的可推广度，以及对教师队伍建设的重要性等，我校从众多教师职责中选取公开教学、师徒带教、学科建设、教学科研、对外培训五项，划分并界定不同发展水平的应有专业作用，如表1-3所示。

表1-3 不同发展水平教师的专业作用

发展类别	作用				
	公开教学	师徒带教	学科建设	教学科研	对外培训
名师	外省市及全国	带教骨干或以上	专业引领、传承与创新	专著、专业文章发表	独立主持专业培训
学科带头人	市区级或以上	带教新秀或以上	实践引领、理论实践	文章发表	承担专题培训
骨干教师	区署级或以上	带教普通和新教师	经验提炼与分享	参与各项目，有个人小结/经验总结	参与培训
教学新秀	校际或以上	无	经验积累与分享	反思、随笔	参与培训
经验型教师	校际	部分参与新教师带教	教学质量稳定	每月随笔	
合格型教师	校际		教学质量稳定	每月随笔	

其中，公开教学是指学校每学期的各类公开、示范、研讨教学，按范围级别划分全国、外省市、市级、区级、校际五级；师徒带教是指较高水平教师根据学校具体带教的需求带教较低水平教师，具体工作遵照另附的带教工作协议内容；学科建设是指在学校的学科教学及课程建设方面，学校对教师提出稳定教学质量、经验积累与分析、践行理论与实践探索、专业引领与传承等期待；教学科研是指教师要进行教育教

学研究工作,强调教师的教学记录、反思、经验梳理、项目参与和成果显性化,相对弱化对纯粹数量指标的设定;对外培训则是利用培训、研修、教研活动,宣传、推广、辐射学校教育教学经验,尤其是名师、学科带头人,需主持或承担学校的对外培训工作。

(三) 不同发展类别教师的发展支持

"发现不足、学习培训、实践改进、研究提升"是教师专业发展的主线。学校层面要为教师提供学习和培训机会,搭建实践基地,鼓励教师外出交流学习,进行学历进修,参与业务培训,开展专题研讨,加入名师基地、教师工作坊等专业组织,丰富教师成长的途径,让教师获得更全面的发展。

为此,我校制定切实可行的教师团队发展计划,在要求和途径上切实考虑到不同发展水平教师的基础和需求,体现差异性,提高针对性,积极促成各位教师能在自己原有基础上有新的提高。从表1-4可以看出,我校将教师学习的途径划分为外出学习、培训、进修、示范指导、自主发展五类,合格型教师、经验型教师、教学新秀、骨干教师、学科带头人、名师有其个性化的学习途径及要求。

表1-4 不同水平教师专业发展途径及要求

发展类别	途径和要求					
	外出学习	培训	进修	示范指导	自主发展	奖励
名师	每学年市级或全国级2—3次	1次/学年	20课时/学期	4课时/学年	校内外自主开展专题研讨交流	每月津贴奖励+成果奖励
学科带头人	每学年市级或以上2次	1次/学年	15课时/学期	2次/学年	结合工作自主开展校内研讨交流	每月津贴奖励+成果奖励
骨干教师	每学期1次市级以上	1次/学年	10课时/学期	1次/学年	围绕学科的各项工作在组内开展研讨交流	每月津贴奖励+成果奖励

续表

发展类别	途径和要求					
	外出学习	培训	进修	示范指导	自主发展	奖励
教学新秀	每学期1次区级以上	1次/学期	10课时/学期	1次/学年	积极参与校内的交流	成果奖励
经验型教师	按具体情况安排	1次/学期校内或以上	240规定课时及校指定书目	无	积极参与校内的交流	成果奖励
合格型教师	按具体情况安排	1次/学期校内或以上	240规定课时及校指定书目	无	积极参与校内的交流	成果奖励

学校每学期或每学年都会积极支持各类教师外出参观访问、听课听报告等学习；为教师提供专门的、有针对性的学习或培训班；教师也要根据自己的情况每学期完成规定数量的业余自修学习，通过审核认定后折算成课时学分；对于教学新秀及以上类别教师，学校会帮助他们每学期在校内外进行示范指导。从自主发展角度，要求教师以专题研讨、实践研究、课题等各种可能的形式来提高洞察能力和行动研究能力，期待教师从整体上形成一组带有一定前瞻性、导向性和独创性的专业成果。

三、兼顾教师个体特征的教师发展规划设计

人民教育家于漪老师说："教师高质量专业化发展关键在自身要有源源不断的内驱动力，变'要我学习，要我提高'为'我要学习，我渴望提高'。内驱动力不是脑子里固有的，高屋建瓴的引领、挚爱深情的激励、亲切温馨的唤醒，结合教师自身教育实践的锤炼、体悟，内驱动力就逐步增长。"[1]

我校对教师发展的规划和推进，为教师主动寻求发展创建了良好的外部条件，包括有目标的学习指引、有选择的学习途径、丰富的学习资源、多元的学习同伴。外部条

---

[1] 于漪.树立职业信仰,增强内驱动力[J].教育研究与评论(中学教育教学),2023(11):1.

件成熟的同时,我校通过教师个人专业发展三年规划的制定与实施,激发教师的内驱力,促使教师们充分认识到自主发展的重要性,学会规划自己的发展,在教育实践中自觉找到自己的发展方向和发展目标,从工作时遇到的问题中主动发现自己的缺陷与需求,成为一个自我驱动、自我更新、自我调控的发展者。

(一) 教师个人成长规划模板

一份合格的教师个人成长规划应具备目标导向性、内容操作性,体现个性,重点突出。具体而言,首先,教师要基于专业发展现状和发展需求分析,明确长期发展目标和重点发展方向;其次,要分阶段、分维度安排发展内容,细化各阶段各领域的工作任务;再则,尽量量化各阶段各领域的工作成果,即作为短期目标。我校制定了教师个人专业发展规划模板,模板分骨干教师版本和非骨干教师版本,供教师自主选择,为教师完成规划提供工具支架。

模板通用的要素包括个人基本信息、自我分析、发展领域突破内容、分学期/分领域任务安排、分年度成果及形式。其中,教师自我分析从分析优势与专长、薄弱之处、发展生长点、困难与挑战等方面进行。基于自我分析,教师从学生教育、学科教学、课程拓展等方面任选领域作为重点发展方向。细化工作任务安排时,教师需从课堂教学、职务进修、教育科研、个人进修、专业引领等维度统筹发展内容。之所以选择这五项维度,是考虑将教师专业发展所需的支持、校本研修内容与教师个人专业发展规划整合起来,这样教师会更加清晰自身需要哪些专业支持、参加哪些校本研修,教师个人发展规划中的目标将更快地实现。

表1-5 教师个人专业发展规划(示例)

个人基本信息					
校区	福山	年级段	一至五年级	任教学科	数学
教师	×××	职称	数学一级	教龄	14

续表

性别	女	最后学历	大学本科	还曾任教	劳技、道法
主要获奖 (2—3个)					
是否骨干	☐市名师(后备) ☐区学科带头人 ☐区骨干 ☑校学科带头人 ☐校骨干 ☐校新秀				☐否
个人三年发展规划					
自我分析	优势与专长： 熟悉各年级数学教学，授课注重条理清晰，结构严谨； 有较强的责任心，任劳任怨； 爱学生，能为学生付出自己的时间和精力			薄弱的方面： 1. 在课堂中自己讲授的较多，不能充分放手让学生探索，主体学习显弱； 2. 教育科研意识薄弱，能力欠缺，教学思考不能及时记录，没有形成严谨的文本； 3. 工作中一直陷于琐碎的事务中，被动接受培训，主动学习力不够	
	发展生长点： 探索数学新课程标准下的新型课堂教学模式，构建自主、合作、探究的学习方式			困难与挑战： 立足基本的教学规律，争取合理安排各项事务，多学习现代教育理论，做到教育理念与时俱进	
发展领域突破内容 (至少1个)	☐学生教育：能够以发展性眼光来看待学生与教学，具有一定的反思和创新精神				
	☐学科教学：探索数学新课程标准下的新型课堂教学模式,构建自主、合作、探究的学习方式				
	☐课程拓展：				
	其他(请说明)：				
分类任务					
时段/内容	课堂教学	职务进修	教育科研	个人进修	专业引领
××学年上	尽快适应三个班的教学工作，培养学生的学习习惯；认真上好组内公开课，积极参与"责任杯"教学评比活动	积极参加区培训学习活动，认真参加学校组织的校本培训	结合区级、校级公开课积极撰写学习心得和教学反思	积极参与学校举办的各类讲座、社团及教研活动；同时认真钻研数学综合实践教学	和组内的教师共同探讨三年级的教学内容，与大家共同进步

续表

时段/内容	课堂教学	职务进修	教育科研	个人进修	专业引领
××学年下	完成三个班的教学工作和社团的教学	认真参加240进修和区教研活动	一年2次的组内互听课,优质课教学研究展示	不放松对英语等个人兴趣领域的学习	引领组内老师分析研究三年级教学内容
年度成果与形式	所任教的班级学生喜欢数学,养成良好的习惯	为参加区骨干评审做准备	上好组内展示课,积极参与数学组的科研活动	撰写文章并在校园网发表	组内老师对三年级教学内容形成系统分析
××学年上	完成四年级的教学任务,胜任社团的教学	认真参加240进修和区教研活动	结合区级、校级公开课积极撰写学习心得和教学反思	认真钻研四年级的数学、拓展社团教学	和组内的教师共同探讨五年级的教学内容,与大家共同进步
××学年下	一次区公开课	为参加区骨干评比做准备,认真参加240进修和区教研活动	撰写学习心得和教学反思,写出论文并积极投稿	钻研数学拓展社团四年级的教学,同时不放松自己兴趣领域的学习	组内老师尽快熟悉四年级教学内容
年度成果与形式	区公开课	参加区骨干评比	完成1篇有质量的教学体会或论文,发表或交流	争取评上区骨干	愿意为年轻老师提供包括听课在内的指导
××学年上	完成五年级毕业班的教学任务和社团的教学	认真参加240进修和区教研活动	结合区级、校级公开课积极撰写学习心得和教学反思	认真钻研数学拓展社团五年级的教学	和组内的教师共同探讨五年级的教学内容,与大家共同进步
××学年下	做好毕业班的教学工作	认真参加240进修和区教研活动	结合区级、校级公开课积极撰写学习心得和教学反思	钻研数学拓展社团五年级的教学,同时不放松自己兴趣领域的学习	引领组内老师尽快熟悉五年级教学内容
年度成果与形式	学生解题能力提高,形成较好的数学素养	如果没评上,继续准备区骨干参评	完成1篇有质量的教学体会或论文,发表或交流		为年轻老师提供包括听课在内的指导

续表

时段/内容	课堂教学	职务进修	教育科研	个人进修	专业引领
需要具体支持说明		区骨干的评审需要学校的支持	论文发表需教科研室予以指导		
备注					

教师个人专业发展规划的实施需接受学校的管理与评估,做到有计划、有自评、有考评。我校依托校园网建立教师个人成长档案平台,开通教师专业发展规划管理功能。每新一轮教师发展开始,学校帮助每一位老师完成个人规划,在平台上为每一位教师建立发展档案袋。每学期初,教师将规划上的目标分解为几项可操作、可监控、可评估的工作,登记在平台上。期中、期末,依据完成情况,教师再到平台自行反馈总结,做好资料归整,完成自评。学校组织校内各相关部门的教师代表对提出评估申请的各类教师进行阶段或终期评估,完成外部考评。评估结果都须以书面形式与被评估者进行确认,并作为其教师发展档案袋中的资料之一。如此一来,教师个人规划实现了自我规划、主动发展、自我管理为主,学校规划、指导与管理为辅的双线推进办法。

(二)教师成长案例

学校秉承"教师团队取向""自主更新取向"的教师专业发展理念,倡导教师切实为自身的专业发展负责,把握机会扎实推进个人全面发展。立足教师队伍整体建设、不同类别教师团队建设、教师个体专业发展等不同层面的规划,我校实现了从办学目标到学校规划再到教师个人规划的逐步细化,切实做到规划—实施—反思—改进的螺旋上升式发展。对教师而言,全体教师都被纳入教师梯队之中,都有了发展的目标和内容,一改以往的"骨干教师多多发展,普通教师一旁围观"的状况,教师对学校办学理念和办学文化,有了更加深刻的认知,并全力投入学校发展进程中,共同创造学校的文化。

道虽远，行则将至[①]

我想从我进入福山这11年来经历的三个阶段来说说自己。

第一阶段：被动参加，苦大于乐

这个阶段大概有5年，我刚从外区学校调入我们学校，最怕的就是每学年的"责任杯"，外语节。"责任杯"是要上课的，是要说课的，是要考试的，害怕也要上，那就暗暗准备。于是，每到上课的前一天，我总是一个人对着空教室练上几回；每次外语节，就学着办公室里的老师们，跟着一起做。这5年，可以说有点痛苦。

第二阶段：积极准备，苦乐参半

关于中高评审，学校专门给我们进行过两次辅导，一次是人力资源部陆老师给我们做的解读，一次是区里面一位老师来给我们做的培训。就是从陆老师的第一次讲解之后，我开始着手准备评中高的资料了。此外，我还先后参与了两个课题研究，做课题很磨人，但出发了，就要到终点。而且，只要有论文评比的机会，我也会积极参与，每年要求自己写一篇，在今天看来，这些积累其实都为我参与中高评审丰富了很多专业资料，也让我在决定参评中高的时候，已经不用为缺这缺那而烦恼。

第二个需要准备的就是专业考试了，我是提前一年就开始准备的，把初中古诗文练习断断续续、完完整整做了两遍，把新课标读读、圈圈、画画地学起来。复习的都没考到，但又好像考到了，因为在复习中，找回了实践的感觉，找到了答题方向。

公开课方面，我先后申请了两节区级公开课，其间最辛苦的是磨课，收获最大的也是磨课，和专家老师们思维碰撞后，我有了更多的思考。

这个阶段我大概也经历了了4—5年，中间的忙碌自不必说，但每一个成果的获得，内心是快乐的，是充实的。我发现这个阶段的磨砺让自己发生了转变。

第三阶段：努力沉淀，享受过程

这个阶段的边界有点模糊，因为我好像不知不觉地在经历第二个阶段的过程中，来到了第三个阶段。

[①] 作者：朱萍。

我加入区级骨干教师队伍学习,成为章建文名师基地学员,我在学习中获得成长,也在一些自我挑战中获得提升。每次半天的学习培训时间,由于大家太认真,有点"虐",又由于大家太投入,也很享受。

去年暑期学历案的培训,和丁燃、黄海芳、叶静燕老师一起的经历同样如此,也很享受。对于各种理论实践与学习,学历案、大概念、项目化、结构化、数字化等,我会愿意更理性更主动地学一学,想一想,比一比。

学校给我们创设了很多锻炼自己的平台,我不是一个特别主动的人,在这些平台上的历练,推动着我来到这第三个阶段。工作依然很辛苦,但我内心坚信:坚持做,就会是甘甜。

回首这段路程,一切都是源于内心对自我改变的渴求,对自我成长的期待。这一路走来为什么?想来,就是为了遇见更好的自己。道虽远,行则将至,希望我能对下一个阶段的自己说:还不错!

我的成长之路①

学校此次成功获评中高职称的人中,我最年轻,但这个也是我在整个中高评审过程中最担心的,被刷掉的理由也许就是太年轻。因为我研究生毕业,三年评了小高,小高评好第五年就申请提交了论文,第六年评好了中高,应该算是无缝衔接了,我知道确实是有风险的,但和优秀的同仁竞争,成功是幸运,不成功也很正常,所以我参加评审的想法很简单,就是时间到了就去评啊。

一、早提前规划

如果你没有做任何规划和准备,确实不能紧凑地推进职称评审。评小高的时候,我确实没规划,环境影响人,看到周围青年教师参加区里的上课比赛,那我也参加一下,我看他们参加案例评比,我也投一个,不知不觉就是小高要求的材料都积累

---

① 作者:戴郁莲。

得差不多了,就去评审了。到了福山,我其实想的是评完小高,可以喘口气了,结果我进来刚三个月,学校领导提醒我可以去报名参加区名师基地学习,这个工作坊为我三年后区级英语骨干教师的评选做好了铺垫,所以我内心也始终感激学校领导们的鼓励和支持。

二、多实践积累

福山给了我很多全方位发展的平台。在教学上形成了自己一定的风格后,学校让我参与到不同的项目中锻炼各种能力,比如和其他小伙伴一起尝试策划一个外语节的探究活动,参与到项目化学习的管理团队中,参与教科研管理工作等,这些工作都极大地锻炼了我各方面的能力,比如时间管理、计划执行、沟通协调、反思复盘能力等,也更好地找到自己的发展方向。这些活动虽然看上去和中高评审没有直接关系,但如果没有这些项目的参与,以及参与后的及时反思积累,我就没有那些中高评审时所需要的材料了。我发现自己之前一直是被推动着成长,以后我要主动努力地成长,同时作为教育科研管理人员,我也要像福山前辈关注我的成长一样,为更多的教师提供支持,力所能及地为他们的成长助力。

三、勤反思总结

当然,有人会惧怕申请职称,我自己在职业成长的过程中也不可避免地遇到过很多的失败,比如说我申报论文没有获奖,申报课题没有通过,但我想人的成长不仅仅是外在的成就和表现,更是内在的成熟与提升。经历挫折和困惑也是人生的常态,但只要珍惜成长的旅程,勇敢面对自己的不足,接受挑战,不断追求自我超越和完善,那么所积累的每一次成功与失败都是成长的一部分,为我们的人生增添色彩和意义。

有句话说:这世上,有一条路不能选择,那就是放弃的路,有条路不能拒绝,那就是成长的路。那么,就让我们勇往直前,努力成长吧!

第2章

凝集智慧：探索教师专业成长原动力

教师专业发展一般是指教师在专业方面发生的累积、深化和进步。教师专业发展以促进教师专业自觉为导向,具体涉及教师的专业情意、专业知识、专业能力和专业行为的不断发展与提升[①]。基于教师专业发展动力机制理论,教师专业发展是内在动力和外在动力相互作用的结果。

教师专业发展的内在动力是指为教师意识到的,促使教师采取行动提升自身专业水平以实现自我专业发展的因素[②]。教师专业成长原动力不仅包括教师积极学习教学工作所需要的基础知识,更重要的是教师热情参与各种新的理论和方法的学习和应用,形成自己的教学风格,并不断地创新和改进,侧重于教师在完成本职工作的基础上不断自我更新、自我发展、自我完善的终身学习。一般说来,影响教师专业发展的内在因素主要包括个人专业发展内在动机,好强与进取的性格,读书、反思与研究的习惯,对教师职业稳定而持久的情感,职业价值观等。外在因素主要包括关键人物与关键事件的影响、支持性的培养制度、学习交流展示的平台、优势互补的学习团队等[③]。教师持续的专业发展主要靠个人的主观能动性发挥,外因之所以起作用,正是因为激发与唤醒了教师内生的发展动力,支持教师成为自主专业发展的主体。

如何让教师们走出舒适区,激发他们的内生动力?如何为教师的成长提供制度保障和良好的外部条件,为他们注入持续的外生动力?如何建设一支高素质、专业化和创新型的教师队伍,为学校教育的优质均衡发展提供强有力的保障?基于以上思考,我校根据学校发展实际需求,综合梳理教师专业发展理念,探寻教师团队导向发展实践,营造教师团队专业发展文化,为教师共同体建设提供行动指南,以期提升教师专业力,增强行动力,强化学习力。

---

① 唐良平.基于教师专业发展动力机制的中小学教师培训实践探索[J].教师教育论坛,2022,35(03):61—64.
② 何晖,许美思,林海龙.纵横联动、多方协同中小学教师发展体系研究[J].教学与管理,2021(30):26—30.
③ 陈霞.教师专业发展重在激发与唤醒教师的内生动力[J].现代教学,2023(09):1.

第一节　锚定教师专业发展理念目标

一、教师团队导向的教师专业发展理念

英国的托平(Topping)教授和美国的尔利(Ehly)博士在1998年出版的《同伴互助学习》(*Peer-assisted Learning*)一书中提出:"所谓同伴互助学习,是指通过地位平等或匹配的伙伴(即同伴)的积极主动地帮助和支援来获得知识和技能的学习活动。"同伴互助学习包括同伴指导(Peer Tutoring)、同伴示范(Peer Modeling)、同伴教育(Peer Education)、同伴咨询(Peer Counseling)、同伴监督(Peer Monitoring)和同伴评价(Peer Assessment)等。同伴之间的交流具有"高度心理相融"的优势,是教师教学技能形成与提高的重要途径。[1]

学习是教师专业发展的基础和前提,教师专业化呼唤着教师学习方式的变革。教师专业发展的思想主要来源于社会学和心理学等学科,其理论基础涉及"社会互赖理论""建构主义理论"和"学习型组织理论"等方面的内容。教师在团队合作的基础上,为了实现共同的目标,有明确责任的互助性学习,这是一个不断获取知识、提升能力、改善行为、优化团队体系的动态过程。它有以下特征:学习主体是具有共生关系的团队,能形成整体的学习力;保持合作性互动;建立共同愿景;知识共享。[2]

教师团队合作学习的首要因素就是教师对团队的愿景、任务和目标有高度的认

---

[1] 周芬芬,梁爱萍,王利君.中小学教师团队合作的现状、问题与促进机制[J].教育理论与实践,2016,36(10):44—47.

[2] 陈雅玲.教师团队合作学习之我见[J].教育探索,2012(06):107—109.

同,形成共同的信念和价值观,在团队内建构起通过变革和改进教学工作来实现学生学习进步的愿景。教师团队合作学习活动发生在人际交互过程中,合作互动是学习的主要方式。团队成员间的互动特征可从三个维度进行分析。一是相互理解性,当有教师提出关键信息或提议后,其他团队成员能及时识别、认同或加以重视,继而深入讨论,进行修正、补充、完善等。二是相互支持性,在发现团队内产生疑问、出现知识盲点等情况时,团队成员能相互提供相应的解释、信息或指导。三是相互监控性,在团队合作学习时,偏离信息的或无价值、错误的提议能及时被质疑、识别或否定,即把持问题方向和重点。[①]

教师团队合作学习不同于个人学习的重要特征是其交互性,学习结果的输出也是一种共同输出,它可以改善教师的心智模式,让教师进行系统思考,形成新的观念,产生新的行为。教师团队对学校发展的贡献并不是个体成果的简单累加,而是在相互依赖关系的基础上而产生的一种整体效应,是一种能量的聚集。教师团队合作学习实质上是建立一个教师团队的知识共享平台,通过成员之间的交互作用和团队效应,教师以一种真实的情境性和社会性方式共享知识,在互动中形成团队共享心智模式。知识间的相互转化及知识共享必须有"场"的支撑。创设分享与创造知识的团队"学习场",如观摩型学习场、研讨型学习场和实践型学习场,教师团队成员共同参与课堂观摩,学习实践的逻辑,共享个人实践,这样学习内容可及时转变为课堂的实践成果。

鉴于此,我校将教师团队视为一种介于学校组织与教师个体之间的正式群体,以期通过教师团队建设来促进教师团队整体发展,进而实现教师个体发展。

二、自主更新取向的教师专业发展理念

"自主更新"指教师有较强的专业自主发展意识,并在这种意识推动下自主自觉地

[①] 陈雅玲.教师团队合作学习:意蕴与实践[J].中国教育学刊,2013(04):82—84.

承担起自己的专业技能形成与提高的责任,从而实现自主更新、自主发展的过程[①]。"自主更新"包括以下几点:

其一,它以教师自主地形成与提高自己的教学技能意识的有无或强弱为标准,是考查教师能否实现其自主专业发展的一个依据。教师的这种意识不是产生于行政命令的外加,也不是受学校或其他团体意志的所迫而来,而是来自教师内心深处的个人所需,是一种自主的需要与追求。

其二,"自主更新"的教师教学技能形成与提高,可以被看作是教师自主专业发展的过程。在这个过程中,教师随时保持着对自身教学技能形成与提高的关注,并会依照自己专业发展的轨迹和目前的实际状态,制订出自己的专业发展规划,并投入实施。

其三,"自主更新"还可作为教师的教学技能形成与提高的新的取向和理念。这一取向强调教师要真正成为通过"自主更新"以实现教学技能形成与提高的主人,从而自觉地挖掘自己在教学过程中的有利因素,以使自己的知识结构不断更新、教学技能逐渐形成与提高。

我国新一轮课程改革的深入开展对教育的各方面产生了重要影响,其中之一就是对教师的专业发展提出了更高的要求,客观上要求教师具备更高的素质与能力,充分发挥自己的主观能动性,实现更高层次的专业发展。然而,教师团队建设在教师专业发展上存在一个共同问题:没能在教学工作中赋予教师以充分的专业自主性,教师缺乏主动意识与进取精神。为了改善这种状况,我国自实施第八次基础教育课程改革以来,要求教师积极转变身份,成为专业成长的领导者。

我校一直把教师视为自身专业发展的主人。教师应具有较强的自我专业发展意识和动力,自觉承担专业发展的主要责任,激励自我更新,通过自我反思、自我专业结构剖析、自我专业发展设计与计划的制订、自我专业发展计划实施和自我专业发展方向调控等实现自我专业发展和自我更新的目的。换言之,我校秉承自我更新取向的教

[①] 高桂敏.自主更新:教师教学技能形成与提高的新视角[J].教育探索,2012(09):119—120.

师专业发展理念，主张深化教师个人发展的"自主性"和"内驱力"，激活教师团队"活力"，彰显教师团队"魅力"。

为了生成更适宜青年教师成长和专业化管理团队发展的"造血"机制，我校持续践行全人发展、团队共生、自我更新的教师专业发展理念，不断优化和创新项目引领机制，创造民主、开放、协作的良好生态，搭建多元、分类、互助的成长平台，尤其是帮助青年教师实现快速成长，从而实现教师队伍建设持续高品质发展。

（三）小结

"自主更新"要求教师从自身教学才能的实践出发，积极主动地进行实践并从这种实践中获得体验。"自主更新"要求教师要自主地学习理论，自觉地锻炼个人的技能。由于每位教师的基础和个性特点的不同，他们在任教学科及其教学过程中的教学设计、教案编写、教学能力等方面也不尽相同，这也就决定了教师在教学过程中的体验和感悟也不同，即有其鲜明的个性化的特点。教师的教学技能的形成与提高正是在自己的极具个性化的体验和感悟中得来的。"自我更新"取向的教师专业发展成为当今教师必须注重的一种自我提高的途径。"自我更新"中蕴含着反思，教师通过不断反思自己的专业发展过程中的问题，来积极建构专业发展的自主意识。面对新课改中教师专业发展缺乏内动力的困境，"自我更新"成为挖掘教师专业发展内在动力的重要路径。教师可以通过自我反思、记录关键事件、与同伴交流互助和教学相长等途径来实现内在动力的不断提升。

三、基于项目驱动的教师专业发展理念

项目化学习已成为教育实践与教育理论研究的热点。我们认为，项目化学习不仅仅适用于学生，也可以作为教师学习的一种策略。正如西班牙大提琴家和指挥家帕布罗·卡萨尔斯所言："我们应将全人类视为一棵树，而我们自己就是一片树叶。离开这

棵树，离开他人，我们无法生存。"项目化学习的意义正在于此，教师在感受个人的力量的同时，应能更深切地体会到，我们与他人共在。

学校以"树师德、正师风、强师能、铸师魂"为主题，大力弘扬新时期教师的职业精神、专业精神和敬业精神，提高教师的综合素养；以课堂研究、项目实验、问题解决、行动反思等方式推动教师知识与观念的更新，实现教师的专业能力全面升级；完善教师专业发展的运行管理机制，分类推进教师培养，实现教师自主发展，与学校协同发展；为教师搭建多样适宜的发展平台，对接相关的资源，提供丰富的机会，让每一位教师感受到被关注、被尊重、被支持，在辛勤工作的同时享受专业成长的过程；努力打造一支专业素养高、实践能力强、善独立思考、能互相协作、敢于接受挑战的师资团队；重视经验积累和提炼总结，结合科研，培养和发挥学科领军人物及骨干团队作用，既形成一批体现我校发展的高质量成果，也能在更高的专业领域获得专家和同行的认同，并能向外辐射。

学校基于项目驱动的教师团队建设的初心是不仅关注个别人的专业发展，而且要关注团队的整体发展。教师团队的发展会对教师个体发展起到促进作用，教师个体会受到教师团队的积极影响，寻求团队发展与个人发展的双向互动、互惠共赢，从而实现学校的可持续发展和高质量发展。

（一）学校鼓励教师参与课题研究，全方位彰显学校办学水平

从学校未来的发展需要出发，以教育科研作为学校实现办学理想的突破口，认真布局，以点带面，大处着眼，小处着手，精心设计学校的课题研究布局。从国家课题到市级课题再到学校课题，既有全面覆盖学校工作重点的课题、项目，也有解决具体教学问题的小型课题，将学校的教育科研工作切实与教育改革、教育实践结合起来，努力扩大教育科研的参与面，提高教育科研的水平。

把教育实验和教学科研纳入学校工作的整体计划，纳入"校、部、组"三级管理组织的工作职能，纳入每一个教师的岗位职责。加强教育科研的思想建设、课题建设、队伍

建设和制度建设,引导学校走"专家指导、科学规划、群体参与、成果分享"的科研兴校之路,引导教师走"理念引领、案例教学、实践反思、校本培训"的专业发展之路,以科研为基础推进改革和发展、打造品牌和特色。

学校教师全员参与、全面参与、全程参与课题研究,了解教育规律和教育改革的发展方向,通晓学生学习心理,了解课程改革和教学改革,注重自身的专业化发展,理解学校发展的长远规划和目标,并把自身的专业化发展和学校的长远规划与目标结合起来;让"教学研究"和"人文探究"初步成为全体教师的思维习惯和工作方式,形成具有"福山"特点的教师学习模式;在课题研究中,每一个教师找到并形成自己独特的教学风格。努力使教育科研覆盖到每一个教研组和年级组,四十岁以下教师的科研参与面达到100%。完成课题管理体系的建设,建立两级课题管理制度,包括课题组织、申报、立项、开题、跟踪评估、总结等制度,对完成质量好的及时予以表彰和奖励,并建立专门的科研档案,提高科研管理水平。

"十三五"期间,我校教师积极申报市区两级课题项目,分别是8项市级课题项目,8项市教科院基地课题,2项市级基金会课题,11项区级研究项目(其中一项为区级重点课题)。伴随着研究的推进,先后有80多篇论文发表、交流和获奖。

(二) 学校鼓励教师参加教学比赛,多途径提升教育教学质量

学校重视内容、教、学三者关系的协调,提升教师教学设计能力、预演教学和课堂组织能力,以学科教研、学科展示、"责任杯"教学比赛为主要途径促进教师专业发展。通过自培自育、搭建平台,以及创设各种提升专业素养和实践能力的机会,一大批青年教师脱颖而出,从"责任杯"出发,福山的教师走出校门,在区、市乃至全国的平台上展示福山人的风采。

学校连续举办了二十多年的、每次历时近三个月的"责任杯"教学活动,涵盖所有学科、所有老师。面对青年教师、经验型教师和骨干教师,学校设计了不同的活动形式,风格多样,如本体知识培训、教学评比活动、课堂教学案例撰写和主题经验分享等,既

能启迪见习教师在参与中学习反思,也能拓宽见习教师的实践视角。学校在规培工作中秉承"浸润学校研修文化,发挥导师个人特色,关注见习教师规范成长需求"的特色,为见习教师搭建了成长平台、创设环境,让他们在实践中磨炼,在磨炼中成长。"十三五"期间,全体学员顺利通过考核,并且在市区两级各项比赛表现出色。见习教师进步明显,真正做到了高质、高效和高起点、高标准,达成引领见习教师快速成长的目标。

我校教师积极参加上海市中青年教学比赛、"闵行杯"上海市班主任基本功系列竞赛、上海市见习教师基本功大赛、区级教学设计比赛、区级新苗杯比赛等,先后有将近100人次在市区各类教学专业比赛中获奖。学校在各类综合评估、教学评估中质量优秀,获得多项集体奖项及优秀组织奖。

(三) 学校积极搭建互动平台,多方式推进教师智慧共享

学校近年来继续开展了多层面、多形式的交流与展示,这些交流与展示活动分为国际交往、区域协作、校际互动等几个方面。"十三五"期间,学校在区内开展了100余次的区级以上教学展示和研讨活动,承担了福山独立建制的新学校与区域其他学校的结对支教工作,为其提供智慧支持。同时,选拔骨干教师跟随浦东教师培训团送教进藏;参与江西省2所小学结对支教项目;组织30多次外省市教师参加的培训活动。每年除了4月福山外语节,还有英语学科、语文学科、音乐学科等在市、区层面组织了多次公开教研活动,取得了良好的效果;来自北京、天津、深圳、杭州、成都、昆明等地的多个教育代表团来校考察国际理解教育。

我校连续多年被评为浦东新区见习教师规范化培训优秀基地学校,校本研修年检优秀,学校获得中国教师教育网颁发的"全国中小学教师培训示范学校"称号。作为区域内的教师专业发展学校,我们还将这些经验以各种途径和方式影响辐射到周边学校、兄弟学校、托管学校,有些经验还在全国范围内进行了传播与交流。我校的教师培养经验,吸引了广东、浙江、江苏、海南、云南、安徽、新疆等各地学校来我校学习交流。

(四)学校积极参与国际对话,多角度整合社会优质资源

深化国际理解教育特色学校建设,从学校办学理念、历史传统和发展优势出发,以国家和地方教育规划纲要为指南,把国际理解教育理念发展为学校独特的教育思想和学校文化的内核,发展为促进教师专业发展的广阔平台,发展为优质教育资源的输出载体,产生了广泛而良好的社会反响。学校积极欢迎国外师生来校学习交流,建立友好的互动关系,在互动交流中,不断扩大国际影响力,同时也借鉴优秀经验,整体提升学校的办学质量。

(五)小结

教师的成长发展需要专业引领和投入来保障,需要多元的路径和手段来支持和突破,也需要充分的机会和平台来展示交流。学校正是从以上几个方面努力而富有成效地为广大教师创造了多样化的发展机遇,提供了不同种类和层次的专业支持,同时也搭建了各种平台,让教师在专业交流和互相学习中不断成长和完善,展现了能发展、会发展,有特色、有个性,有机会、有成就的专业发展的勃勃生机。

尽管学校在教师培养路径和制度上进行了深入探索和实践创新,但学校未来发展依然面临着挑战:社会和学生家长对福山教育的信任和优质教育资源的需求,使我校面临地段内入学人数激增的巨大压力,年年扩班,年年都需要聘任一定数量的新教师,参与教师培训,而任何优质教师团队的形成都要一段时间。近些年来,福山在短期内大量输出骨干教师,覆盖了所有学科,且都是组长及以上的优秀教师,以支持福山品牌下的各所学校的发展。两年前又经历了校区独立建制变革。另外,由于前期发展过程中原生性师资结构的变化,学校在"十三五"后期和"十四五"期间需应对教师退休高峰,其中包括一批中高职称的教师与学科引领的骨干教师。尽管福山有着厚实的基础,但"造血"仍然需时日。

上述各项因素,再加上社会发展迅猛,教育改革加速,呼唤教师专业素养结构更

新,任务紧迫。如何加速青年教师培养及后继青年骨干力量的培养成为突出的命题。

一所学校的发展关键在于教师队伍的培育与成长,而一所学校的优秀骨干教师则是学校最宝贵的资源。面临现实挑战,学校迎难而上,厘清不同教师专业发展阶段的发展目标,积极探索适合学校现状的教师专业发展道路,力求不断集聚人才,培养一批新的骨干教师和管理人才。

我校实践项目管理思想,形成了富有实践影响力的项目驱动机制,即基于项目任务驱动的教师团队建设机制,有效促进了教师团队建设和学校高位发展。我校一直以办学指导思想和办学理念为根本遵循,以成熟的校本研修机制和项目驱动机制为依托,力求整体提升学校办学质量,把学校建设成为师生共同成长的福地、教学教研的高地、前沿成果孵化的基地,实现可持续高质量发展。

第二节 探寻教师团队合作发展实践

一、建立共同的团队发展目标

(一)顶层规划:整体与个体有机结合

科学合理的规划不仅能总结梳理学校的发展经验,也能明晰学校未来发展的可行路径。立足办学目标,学校自上而下制定了整体规划和阶段规划,也要求教师自身制定个人规划,分类分层的规划具有内在的一致性,最大化程度上实现学校整体发展和教师个体发展的有机结合。学校整体规划、学校阶段规划、教师个人规划三位一体,相互作用,实现"规划—实施—反思—改进"的螺旋上升式发展。

表 2-1 学校顶层规划与教师个人规划

类别	内 容	目 标
学校整体规划	《福山外国语小学教师专业发展整体实施方案》	指出不同类型教师专业发展方向,提供个性化的专业发展支持
学校阶段规划	《福山外国语小学教师专业发展四年规划》	明晰了学校年度在专业发展机制、专业管理、学校课程建设、课堂教学改进、教师专业发展、教育科学研究、信息技术融合、教育国际化八个领域的目标、内容、举措
教师个人规划	《教师个人专业发展规划》	实现学校层面的年度规划目标,教师需要基于个人现状和发展需求制定个人专业规划及任务

总体目标如下:第一,统整与进一步完善教师专业发展实施过程中的管理运行机制,进一步强化主动与和谐发展的氛围,学校服务全员发展、推动全员发展,让每位教师都能自主发展、充分发展。第二,培养师德高尚、观念前瞻、视野开阔、教育教学素养优秀、人格完善、情感丰富、勇于开拓的福山教师,使原本已趋于合理的师资队伍结构能更为优化,保障整体性的可持续发展;培养一批在全国、全市和全区有一定影响的教师,发挥各学科领域领军人物的作用,向校内外辐射优质教育资源。第三,促进教师专业发展实施过程中的经验积累和研究提炼,力争形成一批有引领借鉴价值的成果经验。

(二)支持系统:项目任务驱动,激发内在动力

课程教学部、课程研发部、教育科研部合力推进《学科课程标准》的实践落地,提质增效。立足学科单元,基于市级课题、项目化种子实验校项目,持续深化开展大观念、真问题、大任务、真情境的深度学习,各学科形成学科研究报告、数个典型案例,展示课堂实践样态,体现突破,促进学习方式升级,实现课堂提质。

每个人都是学校变革的重要动力,一个好的组织能够把所有人的力量集合起来,

朝着彼此认同的共同愿景推进,实现教育变革目标。"十三五"期间,学校立足项目实施的已有经验和项目发展的实际需求,积极探索项目驱动与组织变革的双向互动关系,实现了从基于项目的组织架构1.0版本向基于项目的组织架构2.0版本的升级迭代,项目不再需要行政力量推动,而是在学校支持下的自主探索和共同协作的过程,逐步形成了"基于项目任务驱动的教师团队建设"(Purposeful Project-driven Team-building,PPT)模式。PPT发展模式的核心是教师分类发展的推进通过项目研究、任务驱动来完成,提升教师专业素养,解决实际教育教学问题,促进学科的改革与发展,促成学校课程的发展,更促进不同类别教师的专业成长。通过"需求融合—项目研究—任务驱动"并且实现成果共享的路径使各类教师团队的完善与提升步步落到实处。

学校从自我更新教师专业发展取向的角度出发,形成了三个富有福山特色的项目类型:教学实践类项目、素养提升类项目、对外交流类项目,旨在通过项目立体引领的方式,为学校每一位教师搭建丰富多元的成长平台,进而实现教师专业成长。需要强调的是,每个类型的项目在学校发展的进程中,从项目内容上来看不仅会传承迭代,更会探索创新;从项目形式来看不仅会全面深化研修范式,更会整体考量内在关联;从项目效果来看不仅会促进教师专业发展,拥有福山文化自信,更会塑造学校特色品牌,创新福山学校文化。

(三) 小结

只有将一滴水投放到大海中才能不干涸,对于教师个人成长来说,教师团队同样是促进教师专业成长的重要集体环境。学校"以需求融合为基础更好地促进教师发展""以项目为核心来发掘教师潜力""以任务为驱动释放教师团队活力"。项目驱动一方面能够更好地提升教师的综合素质,另一方面则能够带动整个教师团队的整体活力,最终体现在教师的教学实践中。

二、探索项目推进中发展团队

在传统的教学过程中,我们比较重视教师个体的智慧和力量,但是随着社会和经济的发展,教育界普遍认识到科研和教学要想取得突出成果,教师团队的建设尤为重要。所谓教师团队,是指特定学校或区域的教师在共同的团队精神指引下,相互协作、互学互助,为完成特定的目标而组织的共同体。教师团队的建设有利于教师专业的成长,学生教学质量的提高,学校长远的发展。

学校以项目研究为核心的教师团队建设,注重全员参与、全程参与和迭代更新,不是简单地将任务或项目布置给教师,而是赋予教师规划项目的权力,让教师团队集体设计与实施项目,进而让每位教师都能在同伴协作互助的过程中,引发对于某个话题或问题的持续关注、深度思考、重新认知、经验更新,这个过程把教师的潜能发挥到最大,让教师深刻领悟项目问题,形成新认识、建构新经验。学校立足项目研究与教师团队互动互惠的角度,探索了三种类型的研究项目。一是创新项目探索,即从无到有,生成基于问题解决的项目探索,凝练实践智慧,适时全面推广。二是优质项目迭代,即从有到优,阶段更新学校成熟的项目内容,深化项目内涵,提升项目品质。三是特色项目传承,即从优到特,延续富有学校特色的项目内容,规范推进机制,促进团队发展。

这几年来,福山教师不忘初心、坚守使命、创新求变。青年教师也在各项比赛中崭露头角,积极奋进,他们是日益精进的教师团队中的新鲜血液,展示了福山教师专业发展的成果。教师团队建设是一所学校改革与发展的永恒话题,也是促进教师专业成长的必然途径,更是学校整体实力的一个重要组成部分。学校以"上海市教师专业发展学校""浦东新区见习教师规范化培训基地"为依托,着力推进"教师专业发展整体实施方案",以需求融合为起点,以项目研究为核心,以任务驱动为抓手,全面规划教师整体发展、系统设计教学项目任务、解决教育教学实际问题、分类促进各类教师专业成长,逐渐形成"基于项目任务驱动的教师团队建设"策略,既让教师个体的优势发挥到极致,也促使教师获得整体性的、全面的成长,彰显出教师团队建设的真正意蕴。

第三节　营造教师团队专业发展文化

在项目实施过程中,学校不仅在"做的层面"上推进,还一直在对"如何做得更好"进行思考。一是推进系统的制度建设,建立健全的教师专业发展制度有益于激发教师发展的活力,有益于规范教师发展的实施。二是加强组织结构的迭代优化,在实现组织扁平化的基础上,给教师充分"赋权",让教师个体成为动力系统,进而组建各类专业学习共同体,实现教师自主和团队共生的有机融合。三是强化文化的核心动力作用,促使教师拥有强烈的身份认同感、浓厚的归属感、满满的自豪感、实在的幸福感。

一、注重制度建设,教师发展有保障

(一) 项目推进管理

以项目化学习教学变革的项目推进为例,学校构建了系统的项目管理体系。在项目启动的初始培训期间,面向全体教师详细解读教师项目的申请流程,建立项目立项、开题、节点汇报、中期考核和结题全过程的跟踪管理机制,把《工作简报》作为交流教师实践思考与成果的过程性载体,持续为教师承担子项目研究提供陪伴式指导。学校领导小组、项目组和各学科教研组各司其职、协同合作,在项目团队建立阶段提供人力资源和专业保障,在项目研发阶段配备管理团队和专家指导,在项目实施阶段提供支架搭建和专业人员支持,在项目总结阶段匹配专业提升和成果展示平台,以明确的项目规划和体贴的支持服务,激活教师参与项目研究的专业发展内驱力。

（二）资源保障管理

一是在学习环境的创设上，按照全市推进义务教育学校建设"新五项标准"要求，重点开展跨学科综合学习空间和数字学习中心、创客空间等创新实验室建设，为教师提供与实施项目化学习教学变革相适应的教学环境保障。二是在社会资源的利用上，统整高校和社会资源，开设了丰富的社团课程，通过专家手把手指导教师，在综合课程开发过程中同步融入项目化学习，实现国家课程落实与校本课程实施"同向而行"的教学变革双向互补与资源共享。三是在数智技术的应用上，加强数字化装备配置，积极探索利用技术手段对学生项目化学习开展过程的支持与评价，激活满足教师资源需求的专业发展内驱力。

（三）教师激励管理

学校构建涵盖成效激励、过程激励、发展激励的教师激励管理体系，将教师的评价激励置于激活专业发展内驱力的关键位置。在成效激励上，注重发挥绩效考核物质奖励与荣誉称号等精神激励对教师成长动力的双重促发作用，针对项目化学习各项实践，实施基于教师成长档案袋的过程性、可视化、表现性评价和用于诊断教师当前专业发展及其主要问题的终结性评价。在过程激励上，坚持通过专业培训和搭建多样化的展示平台，强化教师从研训提升到交流展示的动机驱动，让每位教师的成长风采都能得以彰显。在发展激励上，积极借助教师职业规划编制和职业进阶、职称晋升的公平保障与系统支持助力教师发展，激活激励教师终身成长的专业发展内驱力。

以学校实施"毕业班课程"项目为例，在课程设计前期，就有全方位的培训指导，既有专业人员提供主题培训，又有项目专家把关项目设计，为教师提供专业支持。课程实施中，学校则着力给予团队充分的资源保障。除学科教师外，学校支持教师根据项目化学习中的实际需求邀请相关领域的专业人员协助，如"会说话的毕业纪念册"项目除美术老师还有平面设计师的加入，"毕业季，学校操场由你设计"项目除体育老师还

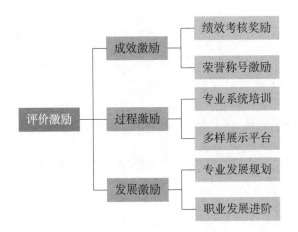

图 2-1　福山外国语小学的教师激励管理体系

有专业建筑师的指导。课程结束后,学校引入专家支持教师团队复盘反思,所梳理成果最终分获全国、市级案例评选等第奖。教师在项目推进中不断得到了评价激励,也吸引了更多教师参与到后续的迭代项目中,可见完善的管理策略激活了教师专业发展的内驱力。

二、注重组织管理,教师发展有合力

学校遵循教师专业发展规律,立足教师专业成长需求,切实优化基于自我更新、团队共生、全人发展等理念的教师专业发展机制,积极建构分层分类的教师培养体系,为不同发展阶段的教师实现最大化发展赋予了有利条件,切实提升了学校全体教师的专业素养。

(一)建立领导小组,明确各自职责分工

师资管理上,以校长为组长建立了学校教师发展领导小组。在整体管理上采用扁

平化管理的方式来实现管理目标,减少了管理层级,提升了管理成效,同时保障了专业人员的专业引领和日常指导,促使学校在教学和教研工作方面都能保持一致;在校本研修项目上加强组织队伍建设,教师专业发展工作的各个层面都有专人负责,围绕教师专业发展目标,在分工明确、职责到位的前提下,形成合力共同推进。

(二)注重骨干培育,教师发展成效持续

学校一直重视后备力量的培养,不仅继续助力成熟的骨干教师朝着高一层次发展,还在各学科各学段积极培养青年教师,培养了一大批各级各类的骨干力量,积累了学校骨干教师培育的经验做法,形成了一支结构合理、数量稳定、专业能力有潜力的后备骨干教师梯队。同时,学校还积极探索多元的路径和手段,为广大教师创造多样化的发展机遇,以及搭建种类丰富且层次明晰的专业发展平台,为学校整体师资队伍的专业持续提升奠定了良好基础。

三、注重人文关怀,教师发展有暖意

当一个教师能够接纳、认同和践行、创造学校文化时,就会拥有强烈的身份认同感、浓厚的归属感、满满的自豪感和幸福感,从而就会积极主动参与到学校发展进程中来,全方位提升自我修养,追求自我突破。

学校着力从文化基因、文化传承、文化创生三方面下功夫,让教师体验被尊重、被支持的幸福感,体会到身为福山外国语小学教师的自豪感,让教师体验专业发展需求被支持的喜悦感,体会到有适切的个性化发展的获得感。学校正是依靠一支讲发展、要发展、争发展的教师团队,促使办学规模不断壮大,办学质量显著提升,办学特色日渐鲜明,品牌效应不断扩张,这些筑就了学校的勃勃生机,同时也正在实现着每一个福山教师的全人发展和幸福成长。

(一) 文化基因:坚持国际理解教育特色校创建

学校坚持国际理解教育特色校创建,坚持教育创新。全校教师积极投入,共同谋求学校发展。我校制定了学校章程,制定好学校发展规划。每学期制定工作计划,有自评指标体系,有学年度自评报告。制定学校章程,自觉接受监督。为规范学校内部管理体制和运行机制,推进学校依法治校,建设现代学校制度,我校根据《中华人民共和国教育法》《中华人民共和国教师法》《全面推进依法治校实施纲要》等有关法律法规与规定,学习并借鉴了国际质量认证体系,对学校原有的一系列规章制度进行梳理、补充、修改,编制了《福山外国语小学章程》,在使用的过程中结合学校实际,又进行了三次修订。学校实行党组织领导的校长负责制。

学校拥有完善的理念系统,并长期坚持和落实。福山教育观念系统涵盖学校办学多个方面,渗透于学校日常管理与校园生活中。理念的确立科学适切,构成完整,表述清晰,对学校教育教学改革与师生行为产生了深刻影响。教育观念集的内容包括福山的愿景、福山的使命、福山的誓言、福山的理念、福山的课程、福山的目标、福山的承诺、福山的精神、福山的文化共九项。这些教育观念的文本以肯定、明确、具体的方式系统阐述了福山人的整体追求,成为引领福山人的指明灯,渗透在学校的各项工作的设计与落实之中,渗透在全体教师的日常行为和态度之中,渗透在课程实施的各个环节之中。学校管理者在策划各种工作事项时,会自觉地将工作目标、工作内容、工作步骤、工作方式等与学校的教育观念相对照。

(二) 文化传承:国际理解教育引领文化建设

国际理解教育价值引领,突出文化建设。学校积极做好"推优入党""推优入团""志愿服务""争优创特"等活动。我们聚焦学习合作,创造发展共同体,展示上海市文明校园形象,通过评选"团结合作团队""创新活力团队""最美办公室""福山教师魅力之星""特色班主任"等形式,弘扬先进;三八妇女节、教师节以大爱、大美、匠心等主题开展系列活动,福山人团结在一起,展现着福山的精彩;教师积极投身公益,主动参加义务无偿献血;男教师报名"万名援藏援疆教师支持计划";数学组骨干教师跟随浦东教师培训团送教进藏;开展为贵州、云南贫困地区建立学校图书馆公益活动;为江西贫困灾区学校培训教师,上门指导,体现了新时代教师的风貌。

(三) 文化创生:国际理解教育整合发展资源

深化国际理解教育特色学校建设,从学校办学理念、历史传统和发展优势出发,以国家和地方教育规划纲要为指南,把国际理解教育理念发展为学校独特的教育思想和学校文化的内核,成为促进教师专业发展的广阔平台,成为优质教育资源的输出载体。

2014年2月,时任英国教育与儿童事务部副部长利兹·特鲁斯(Liz Truss)率团实地考察上海中小学的数学教育,福山有幸接待了英国教育代表团。自此,福山共接待过7批次英国教师团队。学校发挥团队作用,展现专业能力与敬业精神,向英方教师呈现了几十节精彩的数学课堂。英方教师团队参观时的全神贯注、对课堂的准确理解也给我们留下深刻印象。福山不仅把客人迎进校门,许多优秀教师还走出国门,讲好中国教育故事。自2014年中英教育交流项目启动以来,我校先后有七位数学教师前往英国交流,他们用流利的英语每天进行不同的公开课展示,参与主题教研活动,展现了上海数学教师的风采和专业水平。

2020年,为了响应国家建立"人类命运共同体"的号召,联合国教科文组织教师教育中心(Teacher Education Centre under the auspices of UNESCO)在上海市教委的领导支持下,开启了中小学数学教学在线电子资源研发项目,致力于打造一个能满足各国,特别是发展中国家的中小学数学教育发展和数学教师专业发展需求的远程视频教学资源库。福山积极参与,在参加过中英教育交流项目教师的带领下,更多青年数学教师加入了此实践项目。三年来共计有11位教师分7个批次参与该项目,他们设计编写中英文教案、制作英文课件、录制英语版微课、参与教材编写。

2023年7月,应坦桑尼亚国家教育研究院邀请,由联合国教科文组织教师教育中心牵头和带领,经浦东新区教育局推荐和组织,我校数学组朱轶一老师赴坦参与中坦数学教师交流项目,在达累斯萨拉姆大学教育学院附属小学教授五年级"面积"单元,同时参与开展相关数学教研活动、工作坊、研讨会等活动。朱老师回忆到:"刚到坦桑尼亚时,一切都是陌生的。学生的母语是斯瓦西里语,在课堂上我们都要用第二外语——英语进行交流。我们还需要了解学生们平时怎么学,坦桑尼亚的教师们是怎么教的。所以我们先入班听课,仔细观察,再调整教案。虽然教学方式存在很大差异,但当地教师认真备课的态度、学生对学习的热爱和投入和我们是一样的。"坦桑尼亚学校的教室环境相对简陋,但在这样的环境下,每个学生都能在40分钟的课堂中,专注听讲、热烈讨论、踊跃回答。有一次朱老师正在用多媒体进行授课,学校突发停电,她和学生快速自然地切换到传统的黑板粉笔课堂,将教学顺利地进行了下去。一周后,大家发现教室里的学生好像每天都在增多,原本充足的学习单都不够发了,甚至有三个学生挤在两把椅子上听课的场景。问了当地的老师之后才知道,原来是隔壁班的一些孩子也想加入我们的学习,便一起过来上课。来自上海的数学课越来越受当地老师和学生的认可,他们的学习精神也令人感动。在教室后面听课的坦桑尼亚老师们非常用心,每节课都拿着听课表仔细记录,很多时候甚至投入到全程站着听完一节课。由于教室空间有限,很多坦桑尼亚的老师甚至在窗外站着,边听边记。每天上完课,大家立即展开长达两个多小时的教研活动,联教中心的首席专家和坦桑尼亚的教育官员也一同参加。在教研会上,每位坦桑尼亚的教师都会拿出听课记录的厚厚笔记,进行热烈讨论,分析上海教师的教学方法,总结值得学习借鉴的地方,提出感到疑惑的问题,再由上海教师团和联教首席专家予以反馈和帮助。上海教师团还参与了两次工作坊和两次研讨会,主要就教学进度与教学难点、信息技术应用于课堂、学生评价开展交流。朱轶一老师介绍了福山数学组开展过的项目化学习案例,还手把手地教坦桑尼亚教师如何制作PPT动画。

（四）小结

立足现实挑战背后的原因透视，学校会更加明晰未来发展的方向，会积极通过搭建发展平台、整合多方资源、制定相关制度等方式来激发教师发展的内驱力，促进不同层面教师实现发展；会积极把握教育政策的发展方向，为教师职称评定、区骨干教师和区学科带头人评审等工作做好前期准备，助力教师实现专业晋升；会积极建立健全各项保障机制，为推进学校教育变革和课堂转型提供强有力的支撑，让每个教师都能感受到学校的深度支持，从而为实现学校办学目标共同努力。

未来，学校将进一步统整与完善教师专业发展过程中的管理运行机制，进一步营造自主、和谐的发展氛围。学校服务全员发展、推动全员发展，让每位教师都能自主发展、充分发展。培养师德高尚、观念前瞻、视野开阔、教育教学素养优秀、人格完善、情感丰富、勇于开拓的福山教师，使原本已趋于合理的师资队伍结构能更为优化，保障整体教师队伍的可持续发展；培养一批在全国、全市和全区有一定影响力的教师，发挥各学科领军人物的作用，向校内外辐射优质教育资源。促进教师专业发展实施过程中的经验积累和研究提炼，力争形成一批有引领和借鉴价值的成果与经验。

第 3 章

凝练策略：激发教师专业成长内驱力

在凝聚全体教师共识与智慧，形成专业发展向心力与原动力的基础上，学校深入探究并凝练总结出了教师专业发展的有效路径与实践策略。第一，我们明确了校本研修的核心信念，即"项目引领"，旨在为教师提供明确的发展目标和实践导向。通过建构"分类多式"的校本研修活动，为教师提供多元化的成长路径；通过开发"成果转化"的校本研修资源和开展"多元激励"的评价机制，确保研修的实际成效和激励机制的多样性。第二，我们关注整体建构，通过整体规划创建各类教师梯队，以项目为引领推动整个学校教师团队质量的提高，强调持续生长，提升团队教师发展效能。第三，深入探索项目引领教师团队发展的实践路径，强调问题驱动、系统建构、多元评价和机制创新，为教师提供全过程的管理支持。第四，学校关注实践共同体对教师队伍高质建设的推动作用。通过以实践问题为原点塑造共同愿景、以意义协商为纽带激发共同参与、以团队合作为路径凸显资源共享、以全员卷入为指引促进身份认同，构建实践共同体成为我校推动教师专业发展和素养提升的关键所在。总的来说，我校已经构建了一个全面的教师专业成长支持系统，旨在激发教师内在动力，进而推动整个学校的教育事业取得更为卓越的成就。

第一节 校本研修驱动教师成长的特色构建

一、坚定"项目引领"的校本研修信念

（一）"项目引领"的内涵厘定

项目化研修是基于项目化学习的本质与要素演化而来的一种校本研修模式。项目化学习打破了传统教学中的知识传递机制与身份角色定位[①]，以项目研究为核心的青年教师团队建设的核心理念是重构"学"的过程，将研修任务项目化，在项目实践中不断挑战自我、更新知识，促进专业发展。项目化研修的每一个项目都着眼于解决学生实际发展中存在的问题，以及有关教师专业领域知识更新的问题，其强调在真实问题的驱动下，在真实情境中用项目化小组的方式展开探究，借助各种工具和资源促进问题解决，最终形成可以公开发表的成果。因此，项目化研修是一种在真实情境中以项目为驱动，通过匹配教师不同发展阶段，满足不同教师发展方向、研究兴趣，根据明确的计划、周期、目标、组织、激励、控制等管理手段而开展的研修方式，是对传统校本研修的变革与创新。在研修导向和内容方面，既要遵照国家最新的教育政策，又要结合学校重点工作，同时要关照教师个人的持续发展需求；在研修驱动方面，要充分考虑工学矛盾和教师自我发展意愿，把专业发展的权利还给教师，充分发挥每位教师的自身优势；在研修项目资源和保障方面，要充分发挥校长的领导力，"对教师个体发展的成果予以肯定，对项目团队进行综合评价"。

[①] 叶碧欣,桑国元,王新宇.项目化学习中的教师素养:基于混合调查的框架构建[J].上海教育科研,2021(10):23—29.

(二)"项目引领"的意义探寻

学校积极响应区域教育整体发展规划和社会对于高品质教育的现实追求,于2018年从一校四址独立建制为三所学校,我校保留福山和瑞华两个校区。2019年,二次扩大优质资源办学,增加振华校区,再次形成一校三址。学校不断扩班,青年教师数量明显增加,两次转型意味着学校需要团队集体输出专业化管理人员和骨干教师。在"输出优质教师资源"的短期压力与"教师队伍自我造血"的长期思考的双重挑战下,学校需要直面诸多问题:如何快速培养专业化管理团队的岗位胜任力?如何优化经验教师及骨干教师结构?如何加快青年教师培养,整体提升教师队伍质量?以上既是难题也是契机,如何能够做到顺应时代发展需求,持续保持高位发展与发挥示范辐射作用成为学校教师教育工作的重中之重。

以校为本的高质量教师队伍是校本研修实效性的重要体现,学校自2004年引入项目管理思想,已经形成了富有实践影响力的项目驱动机制,即PPT发展模式,"需求融合—项目研究—任务驱动—成果共享"的路径使各类教师团队的完善与提升步步落到实处,多年的办学成效验证其能够有效促进教师团队与学校发展。基于此,我校秉持办学质量持续优质、师资队伍持续高质、学校发展持续高位的良好愿景,在总结特色经验的基础上,依托成熟的发展系统,立足项目引领,坚持以项目研究为核心推进教师团队建设。

(三)"项目引领"的推进思考

以项目研究为核心的青年教师团队建设,是指给教师一个项目或任务,比如课堂研究项目、教学设计项目、教师发展项目等,教师在做中学的过程中通过展示、交流、评价、改进等活动,引发对某个话题的持续关注、思考、学习与研究,厘清并深化认识、改进行为、丰富经验,提升教学能力和素养。对于教师而言,项目研究或项目化学习的最大特点是,同伴之间互助共进,可以激发教师对某个问题的持久关注、深度思考、重新认知、经验更新，这个过程把教师的潜能发挥到最大，让教师深刻领悟项目问题，形成新认识、建构新经验。实践证明，只有将教师的项目研究和日常教学活动相互整合，才能使教师将研究和日常工作融为一体，最大限度地改进教学工作，并将研究思想转化为教学行为。促使教师置身于任务情境中，通过自主发现问题、提出问题并解决问题，自主构建和拓展知识经验，实现点、线、面全方位的锤炼，实现个体与群体的共同发展。

为了生成更适宜青年教师成长和专业化管理团队发展的"造血"机制，学校将持续践行全人发展、团队共生、自我更新的教师专业发展理念，不断优化和创新项目引领机制，推进研修内容系统化、研修活动持续化、研修成效深入化，增强顶层设计与逻辑关联，帮助青年教师实现快速且个性化的专业成长。坚持以需定训，紧密联系教师专业问题以及教学实践场景精心打磨研修内容，通过项目组建实践共同体，在项目研究的过程中解决现实问题、补足教师短板、回应新理念与新技术的要求，同时促进教师团队与学校的持续卓越发展，把学校建设成为师生共同成长的福地、教学教研的高地、前沿成果孵化的基地。

二、建构"分类多式"的校本研修活动

《浦东新区教师教育三年行动计划（2023—2025年）》指出教师培训要分层分类、精准施策，针对教师成长阶段、学科类别、基础条件等特点制定不同层次的培养方案，同时立足新时期基础教育改革专项能力，有针对性地提升专项培训效率。为使学校教师专业发展能力在已经取得成果的基础上实现新发展和新突破，我校根据文件要求，以需定训，深入推进立足需求的校本研修，深化教师专业发展，分类促进教师发展。帮助教师找到个人成长定位和方向，促进各层面教师增强自主发展意识。目前我校已形成校本研修"分类多式"的研修特色，共三大类十一式。

（一）基于素养提升的培训

学校注重教师师德培养，制定师德建设方案。每个学期学校都会设计专门的理论、专题学习活动，以此提升教师的理论与实践素养。

表3-1 基于素养提升的培训

研修方式	研修实施
主题报告式	每年根据教师素养发展需求及项目研究需求设计培训课程，邀请各领域专家来校讲课
专题学习式	组织专题学习活动，每学期推荐两本专业书籍供老师阅读，不仅安排教师自读、教研组互读，还组织开展学习交流
文化影响式	组长结合组内教师的需求，设计有益的教学研究活动，各教研组内逐步形成形式开放、气氛民主的教研氛围；教师在和谐的环境中勇于探索、积极合作、乐于分享；教研活动融于日常，善于实践，倡导教研活动生活化

（二）基于真实问题的教研

学校各项目组、教研组尤其重视通过专题教研的形式解决课堂教学中的真实问题。组内成员分享经验和方法，提供有效的解决方案。

表3-2 基于真实问题的教研

研修方式	研修实施
定期培训式	每学期组织项目组长、教研组长开展专题培训，每月召开教学工作会议，每月进行教研工作设计和组织的指导，分享新的经验、新的观点；同时也创设平台，互通有无，交流思想；对于组长们在工作中遇到的问题，及时指导协调，引导解决
专家指导式	学校各学科都有自己的专家团队，专家由市区两级教研员，大学、研究机构的教师、学者等组成，专家组定期到校听课指导，根据学校的需要和教师的特点提供专业化服务，或是指导面上的教学，或是带教骨干教师，或是加入专家负责的课题组，承担课题研究任务
教师自培式	积极推进教师自培活动，由教师自己当培训者来培训教师；在组内自培活动中，教师被"逼"上讲坛，倾囊而出讲授自己擅长的学科知识，在讲和听的角色互易中体验互相支持的重要性；自培活动有助于盘活资源，调动教师积极性，促进教师持续发展

续表

研修方式	研修实施
网上研学式	学校积极推进信息技术与教师教育的融合,充分挖掘多种平台资源,助力教师专业成长:其一是精选各类优质网络学习资源,如专题类的文章、讲座和系列化的微课程等,供教师随时随地进行自主学习;其二是开展在线教学研修,如定期在线观看课堂教学设计、实录和反思等内容,积极发表个人观点,进行交流探讨,共同探索改进课堂教学的路径;其三是利用校园网,建立教师电子成长日志,分门别类地记录教师成长历程,促进教师达成个人专业发展规划目标
视频观摩式	每周定时发布互联网教学研究活动信息,教师根据工作安排通过互联网观摩各类活动、聆听各类报告;将各层面研究课视频挂到校园网上,方便教师观看、回看、细看教学实录,获得启发

（三）基于教师成长的实践

在教学改进过程中,教研组的团队力量得到充分发挥,虽然教师改进的是个人的课堂,但其影响不仅体现在课堂上,也体现在教师个人成长中,甚至有利于形成学科教学特色的形式。

表3-3 基于教师成长的实践

研修方式	研究实施
上课评课式	通过各级各类研究课,组织教师在实践中开展行动研究,聚焦课堂,改进教学;定期邀请专家听课评课、指导教师进行教学设计,请专家对教师进行分层指导,优化资源利用;联系专家为教师争取展示交流的平台
经验交流式	定期进行教研组经验介绍,各组结合自身工作,总结经验,提炼特色,呈现亮点,提供了相互学习借鉴的机会
规划引领式	学校的教师个人发展规划制订与实施已经进入第四轮,鼓励教师在发展方案的框架内实现个性化发展,形成自己的风格,倡导自主发展、自我管理;通过分析与规划,落实与调整,跟踪与反馈持续推进教师专业水平提升;在落实个人发展规划的过程中,教师成为自我导向、自我驱动、自我调控的发展者,进而实现教师的个性化、特色化、风格化发展

（四）小结

校本研修要求学校成为一个有利于教师专业发展的学习型组织,学校要充分尊重教师个体的发展愿望,抓准需求,分类推进,实现突破,开展跨越"临界点"的教师培训项目,让每一位教师都找到"恰到好处"的发展点。准确把握"互联网+"时代教师专业发展的趋势,拓宽优秀教师的培育机制,创设一切便利条件,充分发挥教师个体创造力和教师群体合作力,形成一种弥漫于整个组织的学习氛围,并凭借群体间持续不断的互动学习与实践,使个体价值与群体绩效得以最大限度地显现①。关注教师的个性化发展,引导教师按各自秉性、教学特长或特点、个性素养等特定情况发展自我、完善自我,让每一位教师不断增强自我成长意识,形成相对稳定而独特的教学个性与教学素养。

有效多样的专业发展路径可以有力驱动教师自主发展。教师的成长发展需要专业引领和投入来保障,需要多元的路径和手段来支持和突破,也需要充分的机会和平台来展示交流。学校正是从以上几个方面努力而富有成效地为广大教师创造了多样化的发展机遇,提供了不同种类和层次的专业支持,同时也搭建了各种平台,让教师在专业交流和互相学习中不断成长和完善,展现了能发展、会发展,有特色、有个性,有机会、有成就的专业发展的勃勃生机。

三、开发"成果转化"的校本研修资源

(一) 丰富多样的研修资源

通过开发、引入、转换、整合等方式,我校拥有了丰富多元的研修资源,有效支撑了校本研修的开展。我校的研修资源按需要和功能主要分为:专业学习资源、课堂实践资源、发展规划资源、专业机构资源、专家顾问资源、展示交流资源、技术保障资源等。如:(1)学校通过自主开发建立基于学校网络的教育教学资源平台,实现教育资源的共建、共享、共赢;(2)学校将教学活动中生成的有代表性的各种教育教学资料上传到服

---

① 谭文丽,朱远平,王娟.基于群体需求的中小学教师分层分类分岗培训[J].教育科学论坛,2020(19):58—63.

务器,供各个学科随时调用,或用于开展研究,或用于培训指导;(3)学校作为多所高校和科研机构的实验基地,较好地整合了专业院校的优质专业资源;(4)学校积极与区域内的学校进行联动,共同分享教育变革经验成果,探索课堂教学变革路径。通过日积月累和不断地滚动开发,多元优质的教育教学资源不仅支持了各项研修工作的落实,也形成了全新的教师专业成长路径。

(二)可复制可推广的优质成果

在丰富的教育教学资源与完善的校本研修机制的支撑下,我校各学科均涌现出大量可复制可推广的优质成果。语文学科的紫藤儿童文学阅读项目,不仅有了阶段性成果,团队也形成了相应的研究总结,成果又可以直接成为孩子们的学习资源;数学学科指向大概念的数学学科项目化学习,不仅在原来教材和课堂教学的基础上开辟了新视野、实践了新途径,而且这个研修项目的推进也很好地促进了整个学科组的教研实践,并成为引领学科发展的一个创新项目;音乐学科在突破原有单元教学模式的基础上开展了"创编活动"项目研究,以更宽广的视野和国家课程新要求对原有的教材实施进了创新突破,这样的突破不仅为音乐学科的单元整体设计开辟了一条新路,同时又带动了课程评价研究和实践,真正实现了研修出成果、成果促发展的效果。类似的案例在各个学科中都有所体现,这也很好地验证了我校在学科校本研修预设的方法路径和整体探索上的正确导向。

目前,经过研修—实践—提炼—再实践的数轮探索,学校各学科基于研修成果形成了"教学五环节的实施""小学低年级信息科技学生学习能力的培养""小学英语写作教学指导""小学语文单元整体设计""小学数学实践性作业研究""班主任德育能力的培养"等多门校本培训课程,这些课程不仅能有效地促进本校教师的专业成长,课程资源也成为我校作为市见习教师规范化培训基地校的项目培训资源,很好地帮助来我校见习的新教师实现规范起步,高起点成长。目前,学校积极发挥优质成果的辐射示范作用,形成了3大模块共8个微课程板块参与市区见习教师培训共享的建设。

表3-4 "十四五"期间学校见习教师校本培训课程

课程板块	课程名称	类别
职业感悟与师德修养	参培手册填写与资料积累指导	通识
	三年专业规划的撰写	通识
	以德立身 以德立学 以德施教	通识
	"赢在起跑线"初入职教师成长策略	通识
班级工作与德育体验	班主任育德能力的培养	德育
	陪伴孩子健康成长的策略	心理健康
	一日常规和习惯培养	德育
	走进主题教育课 提升班主任育人能力	德育
	家校共育视角下的学生学习能力培养	德育
	家校沟通中的基本常识和注意事项	德育
课堂经历与教学实践	《义务教育课程标准(2022年版)》总体解读	通识
	教学五环节的实施	学科
	大概念视角下的项目化学习	学科
	小学语文单元整体教学设计	学科
	小学数学实践性作业的研究与实践	数学
	小学英语写作教学指导	英语
	低年级信息技术课堂中学生自主学习能力的培养	信息
	小学美术单元教学设计中的资源融合	美术
教学研究与专业发展	福山教师信息化应用培训	通识
	新兴技术给教育带来的机遇	通识
	数字化教学如何给教学带来新可能	通识
	小学生行为规范的养成教育	通识
	单元学习中评价任务设计	通识
	怎样撰写教学案例	通识

（三）小结

我校不仅关注各学科教师通过参与系列研修活动在课堂教学水平与专业素养方面的提高与发展，更高度重视优秀教研经验的积累和研修成果的提炼总结，结合科研，培养和发挥学科领军人物及骨干团队作用，形成一批体现我校教师专业发展的高质量成果。一方面这些成果可以内化为我校研修资源的一部分，较好地服务于教育教学和教师发展，另一方面我校的研修模式与成效也在专业领域获得了专家和同行的认同，有助于积极发挥其辐射共享功能。

四、开展"多元激励"的校本研修评价

（一）提供丰富的学习平台，多途径提升教师专业成长力

学校积极利用校园网平台，开展校区间在线教研活动，拓展教研活动的时空，提高教研活动的效率；同时建立网络教学资源库，利用信息技术，拓展教师培训、学习的资源，使教师通过网络及时了解各类教育教学改革信息，了解最新的教学研究动态。此外，学校鼓励教师除了利用学校常规的平台之外，还要积极参与市区各级各类的学习培训，其中包括各类学历进修、专业资质的培训、名师基地、骨干培训班、工作坊、专业培训、专题研讨交流等，并将其纳入新一轮区、校骨干评审，使得教师能在专业发展的过程中博采众长、有学无类，能在不同的学习环境中，向不同特长的师长学习，从不同的视角，以多元的学习方式来充实自己、提高自己，这无疑更丰富了教师成长的途径，也让教师获得更全面的发展。

（二）探索绩效考核机制，多手段激发教师研修内驱力

为调动学校教师的积极性，推进学校项目持续走向深入，提高学校的项目实施质

量,学校制定考核优秀奖励分配方案,在教师的绩效考核奖励机制方面也进行了探索。如将奖励发放给前期在学校项目探索过程中付出诸多努力的先行教师。学校根据教师日常的学校项目管理、项目实践情况、展示活动参与情况等罗列了一系列绩效奖励机制,鼓励更多的教师参与到学校的项目研发与实施中,为学校的教育教学改革作出更多努力和贡献。

(三)关注教师团队评价,多维度增强教师发展凝聚力

我们所做的每一件事都要有助于团队协作和成员关系紧密,学校一方面为教师搭建多样适宜的发展平台,对接相关的资源,提供丰富的机会,让每一位教师感受到被关注、被尊重、被支持,在辛勤工作的同时享受专业成长的过程;另一方面关注团队评价,例如开设优秀教师团队奖励,包括勇于改革成就奖、教师发展成就奖、学生培养成就奖、文化建设成就奖等。团队成员间的合作会产生多方面的"增值效应",团队成员之间可以形成一定的凝聚力并产生推动力,关注团队评价可以有效保障教师队伍的持久优质化。

第二节 项目驱动教师团队发展的整体建构

一、整体规划,创建各类教师梯队发展

科学合理的规划不仅能总结梳理学校发展经验,也能明晰学校未来发展的可行路径,为进一步统整、完善教师专业发展实施过程中的管理运行机制,我校推进"教师专业发展整体实施方案",全面规划教师整体发展,分类推进,在此过程中形成了一系列有效经验。

(一)顶层设计,整体规划

首先,学校制定了《福山外国语小学教师专业发展整体实施方案》,指出不同类型教师的专业发展方向,并基于不同类型教师的现实情况,提供个性化的专业发展支持,注重激发教师的实践创新活力,引领教师自我突破,实现成长与教学改革实践。其次,制定了《福山外国语小学教师专业发展四年规划》,明晰了学校每四年在专业发展机制、专业管理、学校课程建设、课堂教学改进、教师专业发展、教育科学研究、信息技术融合、教育国际化等8个工作领域的具体目标,并制定了相应的工作内容和实施举措,以合格型教师、经验型教师、教学新秀、骨干教师、学科带头人、名师分类推进,为学校教师提供适切的个人专业发展目标和可操作性的职业生涯发展规划,有针对性地发展每一名教师。最后,为了能够实现学校层面的年度规划目标,教师需要基于个人现状和发展需求、学校确定的研究专题等制定个人专业规划,其中教师个人发展规划模板分骨干教师版本和非骨干教师版本,供教师自主选择,要求教师在制定专业发展规划时做到有计划、有自评、有考评,同时,为了保障教师专业发展,学校依托校园网建立教师个人成长档案平台,另外还推进教师分层培养支持计划,从制度上为教师专业发展提供支持和保障。

学校立足不同层面的规划,实现了从办学目标到学校规划再到教师个人规划的逐步细化,切实做到"规划—实施—反思—改进"的螺旋上升式发展,同时在要求和途径上切实考虑不同教师的基础和需求,在各阶段的发展中,积极促成各位教师在自己原有基础上寻求新的提高,进一步体现了差异性,提高了针对性。

(二)分类推进,梯队发展

学校实施覆盖全员的专业发展方案,以"整体设计,分类推进"为原则推进教师发展,在各类专业发展及校本研修活动中设计各类基于课堂的教师实践任务,要求各类教师在公开教学、带教、学科建设、科研、对外培训等方面都需要达到相应的标准,实现教师群体点、线、面全方位的共同发展。

在制定教师个人的三年专业发展规划时,学校分别对青年教师、经验型教师和骨干教师提出了不同的发展准则,确立符合其各自发展定位的目标,并配以相应措施来落实。第一,对于青年教师团队,强调规范教学实践、夯实专业基础、积极创新实践,要求其参加教学基本功和基于规范的课堂教学评比;在骨干和经验型教师的指导帮助下,参与特定项目工作;梳理自身的教学亮点,设定目标任务,定期参与培训。第二,对于经验型教师团队,强调保持持续学习、突破经验瓶颈、融入内涵发展,要求其作为项目实施的中坚力量,与骨干教师一起承担主要的项目研究工作;通过任务驱动促进自主发展,通过研究主题引领转型发展,通过伙伴团队参与共同发展。第三,对于骨干教师团队,强调着重提升专业实力、引领课堂实践、扩散专业影响,要求其为新教师开设指导课并作专题分享;在各学科项目推进中,发挥骨干引领作用,在专家指导下负责项目的策划和方案设计;同时项目组长、教研组长、名师、学科带头人等骨干教师需要定期外出学习考察,拓宽教师专业视野。每一阶段,我们组织各项目组的项目组长、教研组长等勤加考察,学习各地同行兢兢业业、勇于创新的工作状态,从而促进教师学科教学、学校课程建设的发展。

(三)小结

学校遵循教师专业发展规律,立足教师专业成长需求,切实优化了基于自我更新、团队共生、全人发展等理念的教师专业发展机制,积极建构了分层分类的教师培养体系,为不同发展阶段的教师实现最大化发展赋予了有利条件,切实提升了学校全体教师的专业素养。目前,无论是从各类教师的结构层次上,还是从各学科间的协调性上看,学校教师整体结构合理,各类教师基础数据比例较为协调,教师整体专业能力维持在较高水平,很好地支撑了学校的持续、稳定、高质量发展。

二、项目引领,驱动学校教师团队成长

目前,学校从自我更新教师专业发展取向的角度出发,形成了3个富有福山特色的项目类型:教学实践类项目、素养提升类项目、对外交流类项目,旨在通过项目立体引领的方式,为学校每一位教师搭建丰富多元的成长平台,进而实现专业成长。

(一)研发校本教学项目,激发团队创新实践能力

我校引入教育项目管理后,每年各学科组均进行学科项目申报,这已经成为促进教师专业成长的有效途径。各学科组通过项目研究,使各层面的教师得到了发展。如数学学科的"基于大概念理念下的小学数学数据整理与概率统计单元整体设计与实践",语文学科的"引用 UbD 理念在单元教学中提升学生阅读与表达能力的探究与实践",英语学科的"巩固练习的设计与使用""教学微讲座培训"等;又如美术学科的"儿童版画""'体验进行时'画展",音乐学科的"小学音乐教学创编活动的设计与演绎""差异教学资源在音乐教学中的运用";再如信息学科的"小学信息学科'计算思维'核心素养的培养方法研究",自然学科的"实验教学研究""小探究活动项目研究"等均促进了教学改进,更使教师专业创新实践能力得到了发展。

(二)"单元教学整体设计"项目锤炼教师专业能力

我校各学科都开展了单元整体设计的学科研究项目。首先,课程教学部针对单元整体设计项目进行全校培训,让教师对单元整体设计的概念、做法、作用等有所了解。其次,各教研组针对学科特点、要求,以及在单元整体设计领域中原有的经验,制定本学科单元整体设计的实施方案。再次,各学科组内将研究任务细分给每一位教师,在教研活动中,定期反馈实践研究的进展情况。从构建各学科单元整体设计框架,初步形成单元设计资料包,到寻找各学科突破点,实现单元教学整体设计在单课教学中的

有效落实;再从整理提炼单元教学整体设计研究成果,加强培训,推进运用实施,到深化实施单元教学整体设计。形成包括目标、内容、方法、作业、评价、资源等要素的单元教学的整体设计。近年来,在依照市教委发布的指导文件的基础上,我校不断改进实践,积累案例,持续深化单元教学整体设计中的评价研究。

项目开展让不同的教师对教材有了更深的理解,教学设计更为精致,教学过程更为有效。我们所期望的教师通过该项目的实践更新观念、改进教法的目标基本实现。同时实现了教师专业能力的锤炼。音乐组的案例被收录在市教研室编制的《单元教学指南》中。

(三)国际理解教育课题引领,促教师专业内涵发展

我校注重教师教育科研,建立课题研究网络。以国际理解教育课题为引领,全面规划课题,市级、区级、校级课题同步推进;积极组织举行多种形式的主题研讨活动,丰富教师视野,提供研究方法,推进教师个体与群体的课题研究。我校连续四年有六位青年教师的课题项目被推荐为上海市青年教师教育教学研究课题。

我校国际理解教育的开展既注重对前期经验的梳理和总结,也注重在新的领域开展更为深入、广泛的实践探索,形成了丰富的研究案例,有多位教师论文公开发表,我校梳理总结编撰了各学科《教学手册》《福山教师智慧启示录》《福娃成长纪事》《童眼看世界》系列童书等,成为我校在建设国际理解教育特色学校过程中的系列成果。通过国际理解教育的深入实施,我们获得了丰富的教学资源,学生和教师也在过程中发生了巨大的变化,学校的办学理念和办学目标也得到了很好的落实,国际理解教育丰富了福山校园文化的内涵,成为福山教师专业发展的动力源泉。

三、持续生长,提升团队教师发展效能

(一)教师团队的概念厘清

"团队"这个概念由美国管理学家斯蒂芬·P·罗宾斯(Stephen P. Robbins)于

1994年首次提出,它是指为实现某一目标而由相互协作的个体所组成的正式群体。通过教师团队达成同伴互助、群体协商、行动反思的共生关系,以促进教师专业发展的思想,最早可以追溯到20世纪60年代。"同伴互助理论""共同体"和"学习型组织"三大理论的提出,使国际社会开始关注教师团队。在学校教育中,教师作为向学生传授知识、执行教学任务的人,承担着教育职责,因而"教师团队"可以理解为,由若干具有互补知识、技能的教师,在教育行为上有共同目标和规范,相互协作、共同所组成的正式群体。它是一种介于学校组织与教师个体之间的组织形态,以教师工作小组为基本形式,系统利用工作过程中各动态因素之间的互动,以教师团体和个体成绩相结合为评价标准,促进教师的全面发展。

（二）教师团队的构建意义

校本研修组织与安排的主导权在学校层面,以往自上而下的研修重要求、轻支持,忽视了教师自身的发展需求,也忽视了学习共同体的构建。教师面对的学生学习更多的是与成长问题相关,就使得教育教学工作颇具复杂性,对教师来说,就更需要通过团队协作、资源共享解决可能会出现的种种问题。据此,我校关注教师团队建设,积极协调个体需求、团队需求、组织需求等多元主体之间可能存在的冲突,注重将个体、团队、组织与时代发展的需求相融合,以需求融合为起点,探索青年教师校本研修活动样式,帮助教师找到成长方向,促进青年教师增强自主发展意识,激活成长的内在动力,鼓励青年教师学行并驱,螺旋递进地推进项目化学习主题研修,形成青年教师专业发展的校本研修样式及案例。

（三）教师团队的孵化实践

我校致力于种子教师能够孵化种子团队,以形成更好的项目化学习团队组织样态,使学校实现了教师队伍从"1"到"N"的推进。在实践项目化学习之初,我们就清晰认识到项目化学习的课程变革行动和实践的关键在于教师,教师教的改变是关键点也是难点,而一支专业的项目化学习行动教师团队不是一蹴而就的,对教师的培养要根据基础,循序渐进。在项目化学习行动中先培养"种子教师",再形成"种子教师"团队,然后种子教师再孵化种子团队。根据学校实际,经过客观评估,我校确定循序渐进的原则,以"滚雪球"的方式推动项目化教师团队的发展。我们形成了两个"一"的基本路径。

1. 在一个先行团队中培育"种子"教师

在一个核心团队中孵化,能够集约资源,实现在实践之初有更准确的理解,更精准的设计,更有效的实施,更及时的反馈,有利于更专业的种子教师的培育。先行团队人员的确定,首先是双向选择,需要你情我愿,从教的视角需要重点关注以下三点:教师是否愿意与孩子们一起做创造性的工作、是否愿意为孩子们营造更好的学习经历、是否愿意和孩子们建立更深度的联结。从研究的视角需要重点关注以下几点:教师是否有研究的热情、是否是好的协作者、是否愿意不断改变。学校以此标准组建先行团队。例如尝试开展某个主题项目化学习的活动设计中,首先确定了8位有兴趣进行项目化学习实践的"种子"教师,教师通过"做中学",对项目化的价值导向、学习要素、工具策略有了一定的认知基础,尤其对"驱动性问题"的设计进行了深入研究。

2. 在一个重点项目中扩大"团队"培育

在准备开展市级项目化学习工作坊展示活动时,我校数学学科组有一位市级项目化学习种子教师方老师,而数学学科队伍也是一支教学教研力量很强的队伍,如何发挥种子教师的作用,如何通过种子教师在一个重点项目中扩大"团队"培育出更具凝聚力和思考力的教师队伍,是学校关注的重点。在组织市级工作坊的研讨工作中,我们始终发挥种子教师的带头引领作用,项目组长的组织协调作用,让数学组老中青三个层次的教师都能发挥应有的作用。在工作坊准备过程中,以种子教师和骨干教师为核心对工作坊主题进行深入探讨和研究,并整理相关理论框架,开展主题发言;由青年教师学习相应的理论框架后,进行项目化学习的课堂实践研究,同时经验型教师、骨干教师陪同观课磨课;由项目组长组织协调活动统筹,并协同经验型教师配合完成相关事务性工作。通过此次工作坊,青年教师实践锻炼了,骨干教师成熟成长了,经验型教师发光发热了,整个项目化学习的研究团队也顺势建立起来了。

(三) 小结

教师团队建设的自组织模式更有利于教师自主性学习、个性化学习和伙伴式学习。学校打破多元主体、协同共治,打破原有层级化管理体制,超越行政科层的网状组织架构,多向度改变信息流向,协作式下沉决策权力的做法有力突出了主体作用、信息交互,进而实现了群体增值。在推进项目团队从"1"到"N"扩展的过程中,学校组织结构也实现了从"固定"到"灵活"的进阶。我们根据不同的项目需求组成设计与实施团队,形成扁平化组织,减少研发和实施的层级,两个关键层面的人员充分融合,更多层面、更多数量的教师同时承担项目的研发和实施,在研发与实施中及时消化问题。此外,结构组成多元化,学校将优化力量重新组合,形成跨学科、跨层面、灵活的项目核心研发团队,更多教师在设计、组织、实践各个阶段一起研、一起做,互通有无。目前,我校有较为充足的骨干储备,形成了一支由各学科骨干组成的学校教师指导团队。他们出色地承担起导师的职责,高品质地完成了多轮见习教师的带教指导工作,已然成为各个专业发展团队的主心骨。

我校项目化学习从先行者的小范围实践发展为一所学校的整体行为,我们以正确的价值导向、系统设计,促进教师协同合作、打开边界;鼓励教师大胆地放手尝试,给予其信任和自主,通过规范操作、搭设支架、正面扶持,促进教师在行动中验证思想,从思想中产生行动,激发其不断探索的内生动力。教师团队对学校发展的贡献并不是个体贡献的简单累加,而是在相互依赖关系的基础上形成教师团队而产生的一种整体效应,是一种能量的聚集,更是一种责任的担当。基于项目驱动的教师团队建设的初心不是只关注个别人的专业发展,而是更加关注团队的整体发展,源于教师团队的发展会对教师个体发展起到促进作用,教师个体会受到教师团队的积极影响,寻求团队发展与个人发展的双向互动、互惠共赢,从而实现学校的可持续发展和高质量发展。

第三节　项目引领教师团队发展的实践路径

一、问题驱动，项目引领

项目化学习是学校教育不可或缺的组成部分，将项目应用于青年教师研训更具有实际意义，在一定程度上，通过高度集中、统一的主题式项目对青年教师展开研训，较好地改善了研修中存在的因内容缺乏针对性、过程缺乏实践性、推进忽略内驱力、研训存在被动性等因素而导致的校本研训常态低效的状态[①]。同时，在开展项目式研修的过程中，青年教师能够根据自己的个性特长、真实需要进行"真"研修，能够由"被动"研修转向"主动"研修，从而真正提升青年教师的专业素养。

学校直面教师队伍发展过程中的挑战，以项目研究为核心的教师团队建设，注重全员参与、全程参与、全面迭代，不是简单地将任务或项目布置给教师，而是赋予教师立足真实问题规划项目的权利，让教师团队集体设计与实施项目，进而让每个教师都能在与同伴协作互助的过程中，引发对于某个话题或问题的持续关注、深度思考、重新认知、经验更新、智慧创生，这个过程把教师的潜能发挥到最大，助力教师深刻领悟项目问题，形成新认识、建构新经验、开展新实践。

以毕业课程项目为例，如何引导学生回忆五年来与老师和同学以及母校相处的美好生活，同时激发学生感恩母校、感恩师长的情感，是该项目着重解决的问题。最终我们管理团队和毕业班教师以"感恩、责任与担当"为主题，策划了"会'说话'的毕业纪念

[①] 童玉婷.指向素养立意的青年教师项目化校本研修的实践探索——以学正小学为例[J].教育科学论坛，2022(35)：38—41.

册""给新福娃的礼物:入学小贴士""毕业季,学校操场由你设计"系列毕业课程项目。

在建立团队之初,学校管理团队首先提供人力上的资源支持。在征询毕业班部分教师的意见后,选定了对项目主题有热情、有兴趣的青年教师,他们熟悉毕业课程也愿意进行项目设计与实施的探索。同时,管理团队根据每个项目的特征,安排了项目实施经验更为丰富的教师参与研讨设计,比如说,纪念册项目安排了美术老师、操场改造项目安排了体育老师、小贴士项目安排了德育老师给予专业背景支持;此外,每个项目也配备了年级组长、教研组长、学校行政教师等为后续项目实施提供保障。

在项目研发阶段,学校管理团队始终做到躬身入局。在和设计团队一起进行项目研讨的过程中,无论是三个项目的总体设计思路探讨还是分小组讨论设计具体内容、方案设计的优化等,学校管理团队和设计团队始终保持统一站位,群策群力。为了让项目设计更为专业,在操场改造项目中,钱芳校长邀请了知名建筑设计师参与指导;在毕业纪念册和入学小贴士项目中,学校邀请了平面设计相关专业人员给予建议。为了让项目实施更为顺利,学校管理团队还邀请市级项目组专家对每一个项目分别进行设计指导。这些专业力量不仅是为项目设计本身提供资源支持,同时也为教师提高项目设计的专业性、拓展见识与思路的深度与广度提供了一定的帮助。

在项目实施阶段,学校管理团队为实施团队搭设支架,确保项目顺利开展。五年级学生有五六百人,每位学生都要参与到项目实践中,而每个设计团队就只有三四个人,如何实现项目的有序开展?这必然离不开五年级全体教师的支持配合。在培训教师前,学校管理团队为全体五年级教师开展了项目说明会,再由项目设计负责教师开展了项目实施培训会议,虽然主要负责教师为青年教师,但是学校管理团队提供了背后的支持,让他们专注于自己的项目,没有后顾之忧。在入项课和学生成果论证会中,学校管理团队再次邀请了专业设计师、市级项目组专家、家长团队为项目的顺利实施保驾护航。

在项目总结反思阶段,管理团队助力教师团队专业赋能,因为总结反思是帮助项目设计与实施的教师迅速成长和进步的重要环节。管理团队和设计团队教师一起复盘项目设计和实施过程中的成与败,也邀请项目专家一遍遍打磨项目的梳理总结,让教师在反思中增强对项目的领悟,不仅为后续项目迭代做好准备,也为将来更多项目的设计和实施积累经验。

学校自 2020 年 10 月获称"上海市项目化学习三年行动计划种子实验校"以来,基于学校的课程特色情况、教师发展需要以及学生培养目标,结合项目化学习的前沿理念和学校各项目团队的研究基础与总体设计,始终以多元的项目、系统的课程、高效的课堂引领学生"走进更广阔的世界,理解更多元的世界,创造更美好的世界"。项目化学习既是课改理念,也是行动指针,学校在开展项目化学习设计与实践的过程中,始终坚持项目主题来源于课堂实际问题和学科发展方向;项目的设计考虑各层面教师的发展需求;项目实践研究能以研促改,实现良性循环;项目成果转化成为助推教师发展的新资源;通过项目引领帮助教师接受新理念、尝试新方法、探索新路径,扎实研究,循序渐进,思行合一,使项目成为教师可持续发展的稳定器、学科发展的助推器和学校课程发展的孵化器。

二、系统建构,动态实施

学校项目的整体架构立足于教师作为人的整体发展、作为教师的专业发展,以及作为学校的特色发展,进而形成了福山印记的系列研修项目,包括激发团队创新实践能力的校本教学项目、锤炼教师专业能力的学科研究项目和促进教师专业内涵发展的国际理解教育项目,并在实践中逐渐提炼为 3 个富有特色的项目类型:素养提升类项目、教学实践类项目、对外交流类项目,旨在通过项目立体引领的方式,为每位教师搭建丰富多元的成长平台。

(一)顶层设计,发挥领导力

首先,学校从整体的角度对项目类型进行顶层设计,旨在为教师设计和实施项目提供方向引领,让教师明晰做什么项目是适切的。

表3-5 校本研修项目类型

项目类型1.0版	项目类型2.0版	项目迭代方式		
		创新项目	优质项目	特色项目
激发团队创新实践能力的校本教学项目	素养提升类项目	高端教师定向培养项目 青年教师研修项目 ……	见习教师规培项目 ……	紫藤阅读项目 专题读书项目 福山论坛项目
锤炼教师专业能力的学科研究项目	教学实践类项目	STEM课程开发项目 项目化学习实践研究 《家长指导手册》研发项目 ……	单元教学项目研究 "责任杯"教学项目 ……	外语节项目 英语阅读拓展研究项目 "运动向未来"体育项目 "体验进行时"艺术项目 ……
促进教师专业内涵发展的国际理解教育项目	对外交流类项目	新加坡在线课程交流项目 外省市学校结对合作项目 外省市小学教学帮扶项目 ……	中英数学教师交流项目 区内小学支教项目 江西省结对支教项目 ……	校际联动青年教师发展项目 中瑞教育学术日活动 ……

(二) 项目赋能,激发内驱力

在福山,学校秉承"自我更新"取向的教师专业发展理念,把教师视为自身专业发展的主人,倡导教师切实为自身的专业发展负责,做好自身专业管理,把握机会进行自主学习,扎实推进个人全面发展,而学校则致力于创设良好的发展范围,创新项目内容,搭建发展平台,保障教师发展。这一理念在很大程度上激发了教师自主发展的意识,激活了教师自主发展的动力,让教师深刻认识自身的主动性在专业发展中的重要作用。在每个项目推进的过程中,学校充分赋予教师及团队自主权,鼓励教师创造性地开展和参与多种类别的项目,切实增强教师对项目的责任感与使命感,让教师认识到自身与项目的密切关联所在。

(三) 迭代优化,提高创生力

学校强调每个项目本身也要优化发展、迭代升级,不同项目之间要进行互相借鉴和参照,力求实现从创新项目到优质项目再到特色项目的进阶,引导教师们持续思考不仅要有项目,还要努力把项目做好、做出特色。

1. 创新项目探索

从无到有,生成基于问题解决的项目探索,凝练实践智慧,促进教师发展。以青年教师参与的创新项目研修为例,学校 STEM 课程开发项目启动的目的是激活自然、信息学科组教师团队的课程研究、课堂教学活力。项目启动之初,自然和信息学科的骨干教师与青年教师一起参与其中,引进教材、依托资源、培训教师进行本土化教学,之后修订教学目标、研发本土化主题,完善内容,研发了校本 STEM 课程,课程不断创新,自然学科、信息学科青年教师的课程观、课堂观、学生观不断更新,推动传统课堂焕发活力。

2. 优质项目迭代

从有到优,阶段更新学校成熟的项目内容,深化项目内涵,促进教师专业发展。例如学校大力推动各学科开展单元整体设计的探索和实践,形成了单元整体设计理念下的学科教学实践研究项目系列,如语文的儿童文学阅读、数学的大问题、英语的单元任务教学、美术的单元整合、音乐的综合创编、信息的计算思维、自然的探究实践、体育的单元运动技能趣味教学等。在单元设计研究项目开始后,学校每年都会更新研究主题,包含构建各学科单元整体设计框架、深化实施单元教学整体设计、积累单元教学整体设计实践样例、开展单元教学整体设计的评价研究,以及探索基于大概念的单元设计实践研究等,项目研究的深度在增加,全体教师的专业能力也在加强,比如对教材理解更为深刻,对学生学习更为关注,教学设计更为精致,教学过程更为有效。

3. 特色项目传承

从优到特，延续富有学校特色的项目内容，规范推进机制，促进教师专业发展。学校围绕全人发展、幸福成长的教师发展理念，借助"文化强师"战略，以青年教师研修为突破口，以新通识培训为抓手，借助现场与线上学习方式、自主与合作学习策略，开展包括福山精品书坊、福山艺林荟萃、福山教海探航、福山佳片有约、福山文化沙龙、福山博雅讲堂等一系列丰富多彩的教师研修活动，加强教师学习型组织和文化型共同体建设，为青年教师发展打下强大、厚重且坚实的精神底蕴。这一系列研修突出师德教育，体现了项目研修的人文性；突出前沿知识，体现了项目研修的学术性；突出教育改革，体现了项目研修的时代性；突出文化研修，体现了项目研修的通识性；突出研训一体，体现了项目研修的实践性。

（四）小结

每个类型的项目都贯穿于学校发展的进程中，从项目内容上来看，不仅会传承迭代，更会探索创新；从项目形式上来看，不仅会全面深化研修范式，更会整体考量内在关联；从项目效果上来看，不仅会促进教师专业发展，打造福山文化自信，更会塑造学校特色品牌，创新福山学校文化。因此，在三类项目研究与教师团队建设的相互作用中，每一类项目均积累了优质项目、特色项目，也有不断生成的创新项目。其中，优质项目是"从有到优"的过程，阶段更新学校成熟的项目内容，深化项目内涵，提升项目品质。学校从不同角度，对项目内容进行更新迭代。特色项目是"从优到特"的过程，延续富有学校特色的项目内容，规范推进机制，促进团队发展。学校倡导新教师团队要在特色项目中快速发展，实现质的飞跃。创新项目是"从无到有"的过程，是基于问题解决的项目探索与突破；也是"从有到优"的基础，是不断凝练实践智慧、适时全面推广的前提。

三、多元评价，释放活力

学校坚持"以人为本""以发展为中心"的评价观，把评价与教师发展有机结合，建立一种侧重于激励、反馈、改进功能的发展性评价体系，打造了多元立体的项目评价机制。在种类丰富的项目参与和研修活动中，有效发挥评价对于激发教师参与、释放教师活力、促进教师成长的重要作用。针对不同类型的活动，学校设计了迥然有别的评价方案，分别是依托信息化平台建立教师个人成长档案袋的过程性评价、提供丰富多样展示机会的表现性评价、指向全体教师学科素养提升的总结性评价。

（一）过程性评价

依托信息化平台建立教师个人成长档案袋，让每个教师的成长历程可视化。首先，落实教师个人专业发展三年规划，教师人人制定个人专业发展的三年规划，建设规划落实自我监控网上平台，加强教师自我监控，学校通过期初、期中、期末的考核，加强对教师落实规划的指导与帮助。其次，进一步完善教师成长记录平台，通过记录平台，帮助教师养成积累第一手教育教学资料的习惯，并以此促进教师不断进行专业反思、改进、总结。最后，继续优化校园网学生课业评价数据系统，为教师自我专业评价提供客观的数据资料。过程性评价可以有效帮助教师在教育实践中盯住发展方向和发展目标，一步一个脚印实现目标，成为一个自我导向、自我驱动、自我调控的发展者。

（二）表现性评价

提供校内校外、线上线下等丰富多样的展示机会，让每位教师参与项目的魅力风采得以彰显。一方面开展项目化学习市级工作坊展示活动。学校数学项目组分别就"指向大概念的数学项目化实施""指向大概念的数学项目化设计与实施：以二年级上发展'数据意识'为例""指向大概念的数学项目化设计与实施：发展'数据意识'在二三年级中的渐进实践"做了分享报告,并带来了现场课堂展示。另一方面开展单元项目化学习系列比赛。在"责任杯"音乐项目组青年教师课堂教学展示活动中,音乐学科以"大概念视角下单元教学设计"为研究点,以三年级第四单元《夜色美》中的大概念为切入点,以连贯的三课时教学内容为学习点,将单元学习设计成"小福音乐旅行记"的小型项目活动,通过课堂教学的设计与实践,培养学生的合作探究能力,提升欣赏音乐美的能力,提高学生对表达情感内涵的理解能力,让学生在课堂中真正实现有意义的学习和成长。

(三)总结性评价

指向全体教师学科素养提升的教学评比活动、主题经验分享、专业职称晋级等,让每个教师都能在参与中获得专业历练与成长。其一是项目化学习市级项目案例评选活动。学校对所完成的项目开展项目化学习案例、实践故事及学习体会的征文活动。同时,在学期总结工作会议上开展了"全国项目化学习案例平台"的上传培训工作,鼓励所有开展项目化学习的教师参与项目化学习三年行动计划第二批市级项目案例评选活动。学校根据教师提交的案例进行分类,并组织安排专家对相关案例、实践故事和学习体会进行指导以及提出修改建议,教师对其进行持续优化。最后根据要求将案例上传至项目化学习案例平台,学校项目化学习团队对上传的案例进行审核,对需要改善的案例再次提出修改意见,优化各项目的案例内容。我校二十多位教师的项目化学习案例获全国、市、区评比等地奖。其二是项目化学习骨干教师微论坛分享心得。福山"责任杯"是我校历练教师成长、促进专业相长的品牌项目,学校借助福山"责任杯"平台开展项目化学习骨干教师微论坛活动,骨干教师在福山讲堂进行了三场微论坛。微论坛旨在推动项目化学习骨干教师经历"思考—设计—实践—提炼"的研究实践过程,提炼有价值的经验,发挥积极导向作用,为专业研究确立新起点;经验型教师和青年教师聆听实践分享,感悟教学巧思,体悟专业主张,为自身发展汲取新养分。分享"项目化学习"的骨干教师,充分展现了福山教师在项目化学习方面的实践与思考。

其三是骨干教师及学科带头人的评选。学校重新升级学校的专家资源库,为校内优秀教师聘请高端导师,推送优秀骨干教师参加相应的国培项目,支持优秀教师参加市区各级各类高端培训,争取机会帮助教师参与区骨干教师及学科带头人的评选。

四、创新机制,追求卓越

在项目实施过程中,学校不仅是在"做的层面"推进,还一直对"如何做得更好"进行思考,并从以下三方面推进实施。

(一)加强系统项目管理建设

学校坚持建构系统的项目管理体系,包括项目培训机制、项目立项机制、项目过程管理机制、项目奖励机制等,保障各类项目有序推进。建立健全的教师专业发展制度有益于激发教师发展的活力,规范教师发展的实施。一方面,学校成立教师专业发展领导小组,统筹引领学校全体教师的个人专业发展,并且通过对《福山 ISO900 质量管理手册》等相关制度文件的及时更新与补充,为提升全体教师的专业水平提供重要的制度保障。另一方面,学校通过建立健全评价和奖励制度,重在运用发展性的评价方式来激励教师自主发展,也把教师专业发展纳入绩效考核、个人专项奖励和职称评聘的重要指标来驱动教师专业发展。

同时,学校依托校园网建立教师个人成长档案平台,促使教师成长历程可视化,以及积极推进教师分层培养支持计划,如推出了《学校高级职称增长计划》,从平台建设和职称发展上为教师专业发展提供支持。系统进行项目管理建设,完善学校高端师资自培机制,坚持"因人施训""因需设训"的原则,加强培训活动的全程化管理可以有效促使优秀专业发展模式与机制得以固化传承,规避了因人而异、因时而异的问题,进而保障教师专业发展。这些制度是发展中的制度,会在实践过程中不断进行修订和完善,从而为教师队伍建设提供强有力的制度支撑。

（二）提高文化核心动力作用

学校从文化基因、文化传承、文化创生三方面着手，促使教师拥有强烈的身份认同感、浓厚的归属感、满满的自豪感、实在的幸福感。学校一直以来把文化传承作为项目传承的核心动力，让教师(1)体验被尊重被支持的幸福感。福山根据特有的全面师资梯队储备和培养机制，针对教师队伍实际情况，提出"分类要求分层推进"的专业发展理念，如新教师强化学习和规范，合格型教师注重研究和提升，骨干教师追求突破和引领分层推进，从而以项目研究的方式来加速专业管理梯队、骨干梯队发展。此外，学校和支部还开展丰富多彩的主题活动，如迎新活动、三八妇女节、教师节、教师社团等系列活动，丰富活动价值，凝聚福山力量，增强教师对学校的归属感与职业的幸福感。(2)体会到身为福山外国语小学教师的自豪感。福山更加注重精神环境建设，致力于营造团结和谐、民主友好、相互尊重、公平诚信、共同合作、积极进取的人际氛围，努力使每一位师生在学校都能感受到被重视、被支持、被关爱。同时学校积极更新教师观念，多层面提升教师幸福水平。教师始终坚持福山文化自信，提高了自主发展意识，对专业有进取心，普遍对学校有归属感，职业认同度高，敬业乐教爱生。(3)体悟到有适切的个性化发展的获得感。学校为见习教师安排具备适切的指导理念和必备的指导技能的学科带教导师与班主任带教导师，积极营建带教导师和见习教师教学相长、互促共赢的氛围，通过组织学习共同体的方式鼓励带教导师间深度互动交流探讨。同时学校还充分利用项目团队、导师团队、各学科教研组、年级组、备课组等团队的优势资源对见习教师进行团队带教展开浸润式培训，让他们在实践中磨炼，在磨炼中成长。研修内容主题化、系列化、课程化，能够反映教育教学实践中的实际问题和教师专业发展的现实需求，突出教育教学的重点和难点，体现当下教育理念与趋势。在项目实施过程中，导师们以耐心的态度、专业的素养、个人的特长、悉心的指导，为见习教师提供个性化的专业支撑。

（三）促进组织结构迭代优化

学校在实现组织扁平化的基础上,给教师充分"赋权",让教师个体成为动力系统,进而组建各类专业学习共同体,实现教师自主和团队共生的有机融合。每个人都是学校变革的重要动力,一个好的组织能够把所有人的力量集合起来,朝着彼此认同的共同愿景推进,实现教育变革目标。这意味着组织架构可能有基本遵循的顶层设计,但同样需要立足教师发展需求和研修项目内容等现况进行过程调整,从而最大化程度上发挥组织架构的引领和促进作用,最大程度上让每个人都能深度参与到项目研修中来,共同提升项目实践品质,深化教师发展内涵。在这个阶段的推进中,首先是组织扁平化,其次是组成多元化。(1)组织扁平化,就是减少管理层次,使组织变得灵活、敏捷,富有柔性、创造性。福山外语节年年举办,年年更新主题,不断研发课程,近年也形成了固定的课程研发组织,但基于项目化学习的实施,我们重新架构研发团队,由校长室、课程研发部、学生发展部、骨干教师、各学科青年教师志愿者组成核心团队;确定新的实施步骤,通过校长室、课程研发部(确定大主题)——核心研发团队(确定学习内容、设计项目、实施分年级教师培训)——每班两位教师(合作开展班级实施)这样的组织创新,即组织扁平化,减少研发和实施的层级,两个关键层面的人员充分融合,"探讨——分工——设计——指导"都由同一团队完成,更多层面、更多数量教师同时承担项目的研发和实施,问题在研发与实施中及时消化。(2)组成多元化,是指将学校固有的学科教师重新组合,形成跨学科、跨层面的,新的、灵活的、充分融合的活动项目核心研发团队,课程研发部组织开展头脑风暴,最终根据不同年级的学生特点,确定五个年级的探究主题。确定了年级的探究主题后,每个年级再由年级教师研发团队,根据主题,进行深入的项目化学习设计。在这些设计中,有关本质问题的探讨,驱动性问题的设计,入项课程以及视频的制作,出项成果的展示等要求,全都由教师研发团队根据该年级学生认知特点、兴趣喜好等合作开发完成。更多教师不是在末端,而是在设计、组织、实践各个阶段就参与进来,一起研,一起做,释放活力。

表3-6 学校项目组织架构演变历程

发展阶段	组织架构背景	组织架构生长点	组织架构改进点
第一阶段：基于项目的组织架构1.0版	规避行政命令产生的弊端，顺应管理方式变革的现实需求，以及发挥项目驱动的引领作用	1. 注重激发每个人的活力，引导教师积极参与项目组活动，共同实现学科项目组的可持续发展和高质量发展 2. 形成以学科项目组长主导和骨干教师引领的项目驱动方式，建构能激活个人活力的扁平化组织架构	从起初激发活力到逐渐功能定势，容易形成固化的学科本位发展理念，单向的推动无法最大化程度上激发每个教师的能量，以及不利于推进基于跨学段、跨学科、跨层级教师团队的交流互动
第二阶段：基于项目的组织架构2.0版	顺应课程改革的深入，以及契合项目跨学科发展的需求，对组织架构进行迭代升级	1. 不仅注重激发每个人的活力，更加注重激活团队的活力，致力于实现个人发展和团队发展的双向互动与支持，为达成项目目标提供强有力的支撑 2. 形成以多层面教师共同参与共同引领的项目驱动方式，构建能激活团队活力的扁平化组织结构，减少研发与实施的层级，实现了立足不同层面教师（跨学科、跨学段、跨层级）的深度互动、智慧共享与共同发展	随着组织架构的变化，要及时形成相应的组织运作机制，提升组织的工作效率

组织架构的迭代优化让更多层面和更多数量的教师有机会深度参与学校的变革项目进程，深度参与项目的研究、设计、组织、实施等环节，教师逐渐自发主动地为实现项目发展而共同努力。与此同时，教师也会随着项目的参与，不断进行自身的学习与变革，如积极进行多方的项目化学习准备，拓展项目知识的广度，提升项目研究的深度，挖掘项目经验的智慧；突破学科本位的限制，形成跨学科融合的理念，强化团队成员的协作，深化项目实施的内涵，优化学生知识的结构。由此可见，教师在充满民主、富有活力的组织架构中，对学校变革项目的认同、理解和实践都会发生质的转变，继而成为学校变革和项目发展的核心动力，也实现了自身教育理念和实践能力的极大提升。

学校研修机制的创新不仅注重激发每个人的活力，更加注重激发团队的活力，致力于实现个人发展和团队发展的双向互动与支持,为达成项目目标提供强有力的支撑,形成了多层面教师共同参与、共同引领的项目驱动方式,构建了能激活团队活力的扁平化组织、能促进团队融合的蜂巢状组织结构,减少了研发与实施的层级,实现了立足不同层面教师(跨学科、跨学段、跨层级)的深度互动、智慧共享与共同发展。

第四节　实践共同体推动教师队伍高质建设

1991年,美国认知人类学者莱夫(Lave)和教育研究者温格(Wenger)在合著出版的《情境学习:合法的边缘性参与》一书中提出实践共同体(Communities of Practice,简称COP)理论。随后温格在1998年出版的《实践共同体:学习、意义与身份》一书中对这一概念进行了系统阐述。温格提出一个实践共同体包括了一系列个体共享的、相互明确的实践和信念以及对长时间追求共同利益的理解[1],他从实践、意义、共同体与身份四个维度来分析学习过程和社会生产与再生产之间的互动关系,这些维度相互交织,共同构成了实践共同体的基本构成要素。在实践共同体的视域下,学习是一个参与者被社会化到共同体的实践中,并在其中不断发展的过程,即学习不仅仅是获取知识,更是在社会实践中建构身份和意义。总体而言,实践共同体理论为理解学习与社会实践的关系提供了有力框架,而在教育领域,特别是教师学习方面,它为建立一种基于实践、协作和身份认同的学习方式提供了理论基础。

高质量的教师队伍能够为提升教育质量、促进学生全面发展、推动教育创新、提升国家整体竞争力提供有力支撑,如何构建高水平的教师队伍一直以来都是国家和学校

---

[1] 罗生全,胡月.学习者本位的未来学习场域形态及其建构[J].教学研究,2020,43(01):22—27.

层面关注并持续改进的问题。我校在持续推进学校高质量发展的过程中成果显著,但教师队伍建设依然面临多重挑战与现实困境。一是学校教师课程改革胜任力有待提升。学校教师不能准确、充分理解课程改革理念,将课程理念转变为实际的教育实践,进而推进学校变革仍任重道远。二是学校教师创生实践主动性有待加强。相较于在理解新课改理念的基础上进行创造性转化,学校教师更期待范本的直接指导,教师将自身角色局限于"课程的忠实执行者",自主设计能力有待提升。三是学校异质教师之间的区隔有待突破。学校教研团队往往基于学科建立学科组并基于年级建立年级组,这在本质上建立了异质教师群体之间的边界,教师无法打破学科、学段壁垒进行跨界的合作共享。

国家层面相继颁布了《中共中央、国务院关于全面深化新时代教师队伍建设改革的意见》《新时代基础教育强师计划》等文件,同时上海市也发布了《中共上海市委、上海市人民政府关于全面深化新时代教师队伍建设改革的实施意见》《浦东教育现代化2035》《浦东新区教师教育三年行动计划(2023—2025年)》等文件。这些文件积极响应了党的二十大提出的"加快建设高质量教育体系"和"培养高素质教师队伍"的要求,为教师队伍建设提供了目标引领和实践方向。在国家深入实施科教强国战略,加强教师队伍建设,大力推进教育现代化的政策背景下,福山外国语小学立足学校变革现状,学习吸收实践共同体理论并积极进行本土化探索,形成了强调共同愿景、共同参与、共享资源以及身份认同的特色路径,并在教育实践中取得显著成效,为教师队伍的高质建设提供了可行的经验和启示。

一、以实践问题为原点,形塑共同愿景

在任何实践共同体中,人们汇聚在一起是建立在共同愿景的基础之上的。这个愿景源于不同个体对现实问题的共同关注,通过对未来的共同期待,将个体的"我"融合成为有着共同目标的"我们"。实践共同体的成员聚焦于解决共同问题或投入热情于

特定主题,他们在共同追求的领域中不断增长知识,发展专长①。在这个过程中,我们需要明晰哪些问题是共同存在的,哪些是可以共同解决的,这个问题识别的过程为共同体的构建奠定坚实基础。

通常,实践问题可分为两个方面。一方面,关注教育实践中涉及的"事",如教师教学、学校管理、学生学习等问题。为此,可以构建项目研究的教师团队,针对具体问题组建实践共同体,通过共同研究与协同实践解决问题,推动教育事务朝着理想状态发展。另一方面,关注教育实践中牵涉到的"人",如教师胜任力、校长领导力、学生学习力等问题。结合学校的传统与特质,可以组建项目研究团队,聚焦教师胜任力、校长领导力、学生学习力等问题,形成对教育主体(教师、校长、学生)发展的基本认识,这种方式有助于从"人"的维度出发,推动共同体成员在专业能力和素养上的提升。

首先在"事"的层面上,在应对教学内容碎片化、割裂化,教学中不同主题或学科之间缺乏紧密关联,难以促成学生形成结构化知识等问题时,学校采取了单元教学项目研究的举措,其目标是实现更高效、更优质的单元教学,既提升教师专业能力,又增进学生学习效果,最终推进课堂教学方式的变革,逐步深化新课标研究与新课改实践。为了有序展开这一项目研究,学校首先组织了多次理论学习活动。这些活动旨在通过跨年级、跨学科教师小组的交流协作,加深对教学理论的理解,并将理论知识转化为实际教学实践。之后通过分析学校教学中存在的问题和缺陷,学校构建了单元教学的共同愿景,形成了单元教学实践共同体,以"计划、培训、实践、展示、资源"作为主要工作模块,逐步推进项目发展。这一举措有效地激发了教师团队间的合作意愿,促使他们共同设计教学改革方案,在反思和重建中不断推动教学优化,同时也持续提升了教师个人素养和能力水平。

其次在"人"的层面上,学校立足于其办学目标,以"整体设计、分类推进、联动发

---

① 张光陆,高超.基于实践共同体模式的学科教学论教师专业能力提升策略[J].宁波大学学报(教育科学版),2023,45(03):69—78.

展"为指导原则,通过自上而下的方式,制定了教师发展的整体规划和实施方案,并鼓励每位教师制定个人发展规划,实现了学校整体发展愿景与教师个体发展愿景的有机结合与交织融通。在形塑共同愿景的基础上,学校强调要将愿景日常化,目标实践化,推动从"拥有共同愿景"到"实现共同愿景"的转变。面对学校艺术教师团队优秀教师资源输出、骨干教师减少、青年教师增多的现实状况,为了避免教师队伍结构失衡、教师团队稳定性与凝聚力下降,保证学校整体教学质量稳中求进,艺术教师团队秉承"向所有儿童开放艺术的窗口"这一育人理念,深度融合艺术与社会,创造性地推行了"体验进行时"品牌项目,积极探索小学艺术教育的社会功能性与实践性,包括体验进行时师生画展和体验进行时福山艺术在线等特色活动。这一系列活动不仅为学校美育走向社会美育搭建了桥梁,使其走出校园、融入社区和社会,同时,项目的实施使每位参与的艺术教师在实践中规范了课堂教学,提升了专业素养和教育教学能力,进而增强了整体团队的素养,成功践行了以共同愿景为出发点,凝聚教师团队智慧合力打造优质品牌活动,最终实现互惠共赢的局面。

二、以意义协商为纽带,激发共同参与

在教育领域,实践共同体是以教师个体和团队之间的协商、共同思考、思维碰撞为基础的组织形式,实践共同体中有一个关键概念是"意义协商",即表明所有学习行为都是在实践、反思和对话交流中产生的。针对学校场域来说,有价值的意义协商指向两条路径。一是教师团队内部的有机协同。教师内部的有机协同指的是教师之间基于自愿、共同目标和相互依赖的合作关系,这种协同不是强制性的,而是建立在共享理念、信任和相互支持的基础之上。二是不同教师团队之间的跨界合作。跨界合作是指以项目活动为载体,组织教师进行跨学科、跨学段的分享交流,这是突破异质教师区隔的有效策略。教师团队可以共同设计综合性的课程和项目,帮助学生更好地理解不同学科之间的关联性和综合性,促进综合性学习。

为了更有效地建构实践共同体,学校进行了组织与管理的调整。一方面,针对教师内部的协同建设,学校从垂直式管理转向扁平式管理,强调全体学校成员的参与治理。首先扁平化管理减少了层级,让教师更直接地参与决策过程,注重保障教师的参与权和表达权,赋予他们在教学变革、学生评价等方面表达和参与管理的权利,更为平等的组织结构促进每位教师都能在共同体中发挥自身的教育智慧,参与项目创建、研究和实践行动,促进了教师之间的合作和创新。其次,扁平化管理去除了层级间的壁垒,鼓励团队合作和信息共享,有助于建立更加开放且灵活的学校文化,促进成员之间的持续良性互动。另一方面,针对不同教师团队之间的跨界合作,学校打破了传统的教师界限,注重学科和学段的交叉融合。举例来说,在责任杯教学活动中,学校以学生核心素养培育为主旨,通过专家培训、示范课研究、学科教研展示、网上交流分享等方式,深化以项目为主的团队研修,让不同发展阶段、不同学科背景的教师共同参与,实现多元主体之间的思想碰撞和交流。团队研修的组织中心从学科转为项目,这意味着我们将突破传统学科界限,更加强调全员卷入,深入地关注和参与实际项目,并通过实践经验的积累和分享来提升团队整体素养。这样的研修方式拓宽了教师的思维边界、促进了知识经验的共享、建立了更紧密的合作关系,有利于促进理解与共识的达成并推动深入研究和积极回应教育教学改革中的难题,提升学校所有教师团队的综合素养,激发教育的生命力。

三、以团队合作为路径,凸显资源共享

资源的共享与开发对教师个人专业的发展以及整个教师团队水平的提升具有深远的影响。它不仅关系到实践共同体的优化迭代,更是持续补充互补性、开放性资源,进而拓展教师教育实践视野、提高专业水平的有效途径。项目研究和教育实践质量可以通过团队间的资源共享与团队协作的资源开发两条路径得以提升。

福山外国语小学在形塑学校发展共同愿景和鼓励学校教师共同参与的基础上,强

调资源的开发与共享,通过整合不同层次、不同类别、不同主体的教育资源,致力于实现教师队伍内部和外部资源的充分融通。即学校不仅强调教师实践共同体的构建,同时也注重通过资源共享的方式将其他实践共同体纳入,注重异质性资源的互补,通过学校内部、学校与学校之间以及学校与家庭、社会之间三个层面的资源融通助推教师队伍高质量发展。

首先,学校通过建立完善的本校教师团队合作制度,通过各类项目和活动,形成了青年教师群体间多种资源的良性互动。福山精品书坊、福山博雅讲堂、福山文化沙龙等项目,为青年教师提供了学科、思想、物质等多方面的资源支持。其次,学校建立了跨校区的资源互动机制,通过人才和经验的共享,实现了不同学校资源的优势互补,促进了整个区域教师实践共同体的协同发展。福山外国小学在这个过程中扮演了引领作用,通过多维度资源的共享,提升了教师的活力,推动了整个区域教育的高质量发展。最后,学校充分利用社会和家庭教育资源,通过教师的外出交流合作和常态化的家校沟通,进一步拓展了教育实践的边界,提升了教师的综合能力。

综合而言,资源共享在教育领域是一种推动教师个体和整个团队不断发展壮大的有效机制,通过共同合作,教师们能够更好地利用与开发各种资源,促进队伍建设与教育实践质量的全面提升。

四、以全员卷入为指引,促进身份认同

身份认同是指教师对自己在教育领域的角色、责任和价值的认知和接受程度。这一概念强调了教师不仅仅是知识传递者,还是教育实践中的关键参与者。教师的身份认同不是外界赋予的,而是随着其在共同体中角色的变化和发展而逐步形成的。在实践共同体中,教师不仅是参与者,还构建了与社会共同体的紧密联系。

教师专业身份认同经历了两种主要转变。首先是从个体身份向集体身份的转变。这表明教师在学校的角色不再局限于边缘地位,而是逐渐融入学校共同体,成为核心

成员之一。他们不仅将个人的职业发展与整个团队的进步相互交融,而且更加明确自己在团队中的价值和位置。有强烈身份认同的教师更有可能积极参与学校事务,推动共同体的建设,形成积极向上的学校文化。其次,我们可以观察到教师的角色正在经历从单一身份到多元身份的演变。这意味着教师不再被局限在一个特定的实践共同体中,而是具备在不同共同体中担任多样化角色和任务的能力。这种多元身份的转变使得教师能够在各个领域展现独特的价值,从而实现个人的全面发展。当教师认同自己是一个学习者、研究者,并在教育实践中不断成长时,他们更容易适应不断变化的教育环境,提高专业素养,同时,教师身份认同的建构有助于形成团队合作精神。共享相似身份认同的教师更容易协同工作,形成紧密的教学团队,促进经验分享和共同目标的实现。

在启动项目化学习时,学校意识到教师是项目化学习成功的关键。为了培养专业的项目化学习教师团队,学校采取了逐步推进的方法。我们鼓励教师参与,但并非要求所有教师全程参与,而是根据教师在不同领域的优势和能力进行选择性参与,让每位教师感受到自己作为共同体成员的使命感和归属感,这种方式促进了教师身份认同的建构,并在共同体中形成了基于参与和认可的身份认同。具体而言,学校设计并实施了从"1"到"N"逐步进入的"三层三阶"教师团队建设机制:一是选取学校骨干教师,培育"种子教师"开展核心研发;二是设立若干重点项目,由"种子教师"带领、培养一批"经验教师",在不同年级逐步扩大团队范围;三是进一步将全体教师纳入项目化学习教学变革的整体推进,实现教师全员覆盖。这种"扁平化"和"去中心化"的团队建构与管理模式,能够通过信任和授权,凸显教师专业发展的主体性,使不同教师在团队中都能找到参与项目化学习教学变革的起点和路径,激活教师专业发展胜任力和效能感提升的组织动能。

在福山外国语小学的教育实践中,注重以"共同愿景"作为合作的引导原则,通过达成共同的发展价值共识,推动理念与实践的积极变革。这种方法强调共同构建学校发展的愿景,确保教育实践与价值观的一致性,促使整个学校朝着共同设定的目标迈

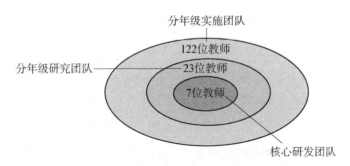

图 3-1 福山外国语小学项目化学习"三层三阶"团队建设框架

进。同时,学校倡导以"共同参与"为合作方式,培养互惠共赢的伙伴关系,以促进学校创新性实践。这种方式强调每个成员的积极参与和贡献,建立起一个积极互动的学习与合作氛围,从而推动学校实现更高水平的教育实践。

此外,学校将"共享资源"作为合作手段,建立了共同体交流平台,以促进信息、经验和教学资源的共享。这种合作方式通过搭建平台,使得教师和学生能够更便捷地分享资源,从而提高整个学校的教育质量。最后,学校强调将"身份认同"作为合作的目标,致力于实现从个体、单一身份到集体、多元身份的转变。这种方法鼓励成员在共同体中找到自己的位置,并认同集体目标,从而增强整个团队的凝聚力和合作效能。

学校通过多年的实践积累,形成了以下几点宝贵经验。首先,在思维方式方面进行革新,将整体关联式思维作为基石。学校从传统的割裂性思考转为学会用联系的眼光看问题,将局部与整体有机结合,用更系统的方式面对和解决教育实践中的问题。在实践中,我们强调教师个体发展与团队发展之间的密切关系,不让任何一位教师边缘化,加强了教师个体发展与学校整体发展的有机联结,形成了一个面向每位教师高质量发展的项目体系。通过实践共同体的建设,实现"成事"与"成人"的统一。其次,学校致力于完善体制机制,构建一种开放、共享、协同的校园文化。我们以共同的愿景、全员参与和资源共享为基石,建立了教师实践共同体。重视目标体系的构建,建立了全员参与的实践路径,形成了常态化的教师资源共享机制,有效激发了全体教师参与学校教育改革和教师队伍建设的积极性。最后,学校以自主更新和全人发展为基本原则,强调教师自主发展意识。通过以项目为基础的方法,我们引导教师在"做中学"和"学中做",以实践问题为起点自主参与项目化实践,激发教师拓展自身能力边界的热情,发现个体生命的更多可能性,明确自身的优势和价值。这种做法培养了一种终身学习的教师团队文化,提升了教师的自主发展意识和创新能力。

通过以项目为媒介,借助实践共同体的方式,学校创造了一个有利于教师交流、合作和成长的环境,教师团队通过共同参与项目的创建、项目目标的设定,以及项目资源的共享等,使其个体能力与具体项目操作实践得以相互融合,同时团队成员之间积极互动协作,共同塑造了一种积极向上的文化氛围。学校采用了以项目建设为载体构建实践共同体的教师队伍发展路径,这一路径的成功经验有助于不断加强教育团队的凝聚力,为教育教学提供了可持续的动力,为学校的长期发展奠定了坚实的基础。

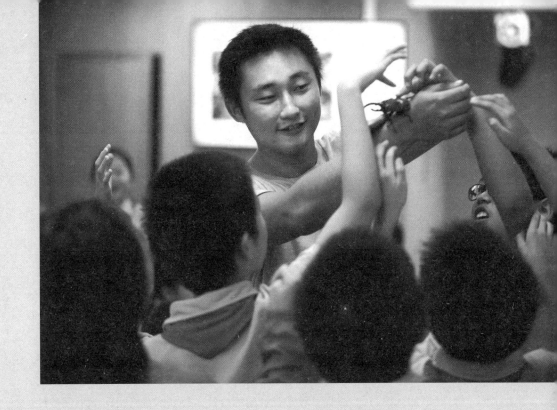

第4章

凝注课堂:增强教师专业成长硬实力

完成新时代教师专业成长所面临的新使命,是必须推动教师专业成长的内涵式发展,以理论与实践内在统一的方式超越经验式成长。在扎根一线的教育教学实践中提升教师校本培养的层次、优化内容结构,特别是回应当前深化教育教学改革的迫切需要——学科实践、跨学科主题学习、综合实践活动,等等。教师不仅是新理念、新知识的接受者,更是践行者、创造者。

世界在变,教育在变。如何为孩子当下更好地学习以及融入未来变化的世界做好准备?我校不断探索教学新样态,以教师"教"的变化回应学生"学"的变化。学校着重推广了"大概念教学""项目化学习"两大特色项目,由核心团队先行、逐步实现全体教师卷入,促进学校教师专业成长新生态的形成。作为撬动育人方式变革的有效杠杆,在研究与实践过程中加深教师对"双新""双减"的认识与探索,提升教学设计的综合性、实践性,最终指向学生创造性问题解决能力的培养。

第一节 大概念教学，教师落实"双新""双减"的新探索

教育改革进入深水区，核心素养如何落地？如何让核心素养真正在学生身上发生、内化为学生成长的不竭动力，这是当前课程改革中面临的最大挑战与难题。学校教育的核心领域学科教学，主要阵地课堂如何变革，是最需要攻坚克难的。

基于学校基础与现实问题，我校选择的切入点是导向核心素养的学与教——"大概念"视角下的单元教学实践。

一、以"大概念"落实课程政策的教师智慧

（一）为什么要以"大概念"的视角开展实践研究

1. 促进课堂变革的突破

学校培育学生核心素养的主阵地在课堂，课堂教学的有效性是提升学习质量的关键。近年来的国家课程改革方案给出了明确的政策导向，重视以学科大概念为核心，使课程内容结构化，促进学科核心素养的落实。"大概念"作为引领课程改革中学生发展核心素养落实的关键，正在成为我国当前课程教学领域的探索方向。2017年，国家教育部颁布的《义务教育小学科学课程标准》中提出"在每个学习领域，教学内容的划分和要求都用大概念进行统领和安排"。《普通高中课程方案》（2017年版2020年修订）中提出"重视以学科大概念为核心，使课程内容结构化，以主题为引领，使课程内容情境化，促进学科核心素养的落实"。《义务教育课程方案（2022版）》中指出：教材编写要遵循学生认知发展和学习规律，体现核心素养培育的连续性与阶段性，以学习为

中心,用大观念、大问题、大项目或任务组织单元。

我国研究者也关注"大概念",较有代表性的研究诸如:邵朝友、崔允漷阐述了何谓大观念、为何以大观念为抓手来落实核心素养、如何用大观念设计指向核心素养的教学方案①;李刚、吕立杰阐述了大概念的内涵及特征、大概念在落实学科核心素养中的价值及角色,并论述了围绕大概念落实学科核心素养的课程单元架构框架②;《上海教育·环球教育时讯》刊发了《大概念和大概念教学》③等一组9篇文章,较为系统地论述了大概念视角下的课程与教学体系构建。

2011年开始,我校开始着力推动各学科单元整体教学设计的探索与实践;2015年起得益于课程专家的专业指导,我校进一步重视单元设计在课程开发和教学实践中的重要作用,学校每年都会确定重点研究主题,并持续推进至今④;2018年核心研究团队开始研读《追求理解的教学设计》,并在翻译者闫寒冰教授的导读下引导全体教师阅读,尝试引入UbD理念进行单元教学设计与实践,在此过程中我们开始学习了解"大概念";2019年开始"大概念"视角下的单元教学实践研究,此以为切入口持续研究。

我们将"大概念"看作是课程内容通向核心素养的阶梯,开展围绕"大概念"的学科单元教学设计与实践,期待突破当下课堂,减少学科教学中浅层理解、记忆积累,接受性的学习的占比,深化学科教学中深度理解、学习迁移、探究性学习,创造性解决问题的程度。

2. 探寻教学方式的转变

培育核心素养,需要突破育人方式,追求主动学习、实现深度学习必须创新教学方

---

① 邵朝友,崔允漷. 指向核心素养的教学方案设计:大观念的视角[J]. 全球教育展望,2017,46(06):11—19.
② 李刚,吕立杰. 大概念课程设计:指向学科核心素养落实的课程架构[J]. 教育发展研究,2018,38(Z2):35—42.
③ 刘徽,徐玲玲. 大概念和大概念教学[J]. 上海教育,2020(11):28—33.
④ 钱芳. 基于项目任务驱动的教师团队建设[J]. 现代教学,2019,(09):65—66.

式。如何从教的角度为核心素养落地摸索一条路径,抓住学科单元"大概念"实现学生与核心素养之间的有效连接,让核心素养真正在学生身上发生,内化为学生成长的不竭动力。我们尝试围绕"大概念"开拓单元教学设计思路,重视对知识的深度处理和挖掘,关注深度理解与迁移,引导学生发展高阶思维活动,探求隐藏于知识符号背后的本质原理与思想意义,追求学生发展主动学习能力、创新性思维及批判性思维,习得核心素养。

如何从学的角度为学习方式转变探寻一个出口,我们尝试用"大概念"统摄单元学习内容,围绕大概念有机整合教材内、教材外的学习内容,开展有组织的结构化学习、能有效迁移的学习、学以致用的学习,改变拘泥于知识再现的浅层学习状况,挖掘学生学习潜能和培育学生核心素养,让学生初步学会为理解而学习、进行深度学习、习得专家思维方式,无论现在还是未来,能够把所学的知识迁移运用到新的情境中,而不仅仅是知识的回忆和再现。

(二) 基于素养本质的教师认识

以 STEM 教学为例,我们牢牢把握"学生主要的学习过程是在真实问题情境的驱动下进行层层深入的创造性问题解决"这一本质,提出大概念视角下的 STEM 教学应该体现出如下优势:首先,STEM 教学目标的达成度得以提高;其次,大概念视角有助于提高 STEM 学习的迁移性,即知识之间的相互联系;最后,大概念视角下除了强调"具体—抽象"的归纳之外,也会强调"抽象—具体"的演绎,因此有助于提高学习者的归纳和演绎能力。总的说来,教师在大概念的视角下进行 STEM 教学有利于促进学习者在学习过程的迁移力、深度理解力以及信息处理能力,帮助学习者提高学习的有效性。

同时,我们分析了创造性问题解决的两种形态。第一种是计划类问题解决,主要出现在问题情境的创设过程中,一般由教师提出。例如在设计桥梁项目中,教师提出:如何选择合适的桥梁结构以增大桥梁的承重能力?在"超级跑鞋"项目中,教师提出:

如何选择合适的材料以增加超级跑鞋的弹性，比既定跑鞋的弹性更强？第二种是实施类问题解决，主要出现在实施方案以及交流评价的过程中，一般在小组合作实施或者师生互动中随机产生。例如在自动滴灌系统项目中，学生在交流评价中提出：如果滴速太快导致植物被浇死了怎么办？

基于以上思考，我们凝练了对于落实"双新"背景下综合学习的STEM"大概念"教学的认识与实践设计。

大概念视角下STEM教学中的创造性问题解决[①]

大概念学习以核心概念作为前提条件，核心概念学习又以具体概念学习作为先决条件，学生对大概念的习得过程就是从掌握基本概念向应用复杂规则、创造性解决问题转变的过程。通过教学实践，笔者发现，以大概念视角协助学生进行创造性问题解决的优势主要体现在以下两点。

（一）有助于帮助教师在问题情境创设过程中把握开放度

在STEM课程教学中的关键是创建一个开放度适中的问题情境，过于开放的问题会导致探究过程容易偏离教学目标，而过于封闭的问题则又会缺少趣味性与探究性。由于大概念是基于事实基础上抽象出来的深层次可迁移概念，因此在大概念的视角开展教学有助于教师有效把握问题情境创设中的开放度。

例如在"超级跑鞋"这一STEM教学案例中，问题情境的创设可以根据教师是否基于大概念视角分为以下两种：①自由选取身边现有的材料，制作一个比既定跑鞋弹性更好的鞋底；②利用教师给定的现有材料，设计并制作一个超级跑鞋。通过对比发现，大概念视角下的问题创设，在激发学生发散性思维的同时（自由选取身边现有的材料），还聚焦了材料、结构和功能之间关系的概念，让创造性问题解决的路径更加明晰，更有利于激发学生利用已有的知识、技能，搜集相关的信息进行有效探究。而后者则更像是一个简单的任务布置，缺乏问题解决的创造性。

---

① 作者：冯秋桐。

在大概念的视角下,针对"超级跑鞋"这一项目的问题情境创设过程主要有如下几个方面。首先思考"超级跑鞋"项目背后所对应的大概念是什么。通过查阅《科学教育的原则和大概念》可以得知,此项目对应的大概念是科学发现的知识可以用于开发技术和产品,以为人类服务。接下来,在此视角下继续深入思考这样的一些问题:超级跑鞋在我们生活中有哪些实际应用?这些跑鞋制作背后的流程和工艺是什么?相比其他种类的鞋子,比如皮鞋、拖鞋、凉鞋等,超级跑鞋体现了哪些优势?如何让学生在该项目化学习过程中经历信息的搜集与归纳、方案的设计与实施、产品的迭代与展示?如何让教学过程尽可能聚焦,尽可能去除无关要素,让学生学习过程尽可能有效?由此,笔者提炼了三个核心关键点,即:①需要找一个实际的跑鞋做参照;②提炼超级跑鞋的关键特性——弹性;③提炼超级跑鞋的关键结构——鞋底。最后从中归纳出这样的问题情境,即:自由选取身边现有的材料,制作一个比既定跑鞋弹性更好的鞋底。

因此,我们可以看出,在大概念的视角下,教师能够更好把握 STEM 教学的问题情境的开放度,既不会过度开放导致学生在探究过程中感到无所适从,也不会过度封闭导致创造性问题解决的引导变成实验探究的任务布置。

(二)有助于帮助教师创设有效失败的学习体验

评判是否形成了长期学习效果的标准在于"是否形成了可迁移的大概念"。也就是说,会做、会讲,不一定是"有效的",因为无论是知识目标还是技能目标,而只有达到抽象的大概念层面,即能够进行横向或纵向迁移才是有效的。大概念的视角除了能够帮助学生提高迁移能力之外,还能够帮助学生在"生成—探索"和"整合—巩固"的两个阶段,即有效失败的学习体验中不断提升自己的元认知能力。从教师的维度来说,大概念的视角能够帮助教师去创设有效的失败学习体验,从而提高学生的迁移能力和元认知能力。

例如在"植物自动滴灌系统"这一 STEM 教学案例中,笔者一开始创设的问题情境是:暑假要到了,家庭将计划在 7 月份出游 10 天,该如何解决家中这盆成年绿萝的浇水问题呢?偶然间,笔者看到教室里有各种多肉和仙人掌等耐旱的植物,突然联想:如果稍加更改,将"成年绿萝"改成"盆栽植物"是否会更好?试想,若稍加更改,学生也许会在选择植物过程中遇到挫折,例如会选择他们常见的多肉植物。那这不正是一次有效的失败学习体验吗？即可以从中体会到不同的植物有不同的适应性特征，因此植物自动滴灌系统并不适用于所有的植物，从中还可以进一步提炼出"生物的多样性是进化的结果"这样的大概念。

在该项目的交流分享过程中，学生A制作了一个不断滴水的装置。学生B认为该同学的装置滴水速度过快，如果以这样的速度和水量连续滴10天可能会导致该植物淹死。由此产生了新问题，即：如何放慢滴灌系统的滴速？

学生C做了相关改进，这位学生使用棉绳插入滴水吸管中从而达到放慢滴速的效果。但与此同时，正如笔者所料，这位同学还选择了多肉植物进行浇水。而多肉植物属于沙漠植物，如果真的10天出门在外，多肉植物不见得会枯死。因此多肉植物本身就不需要自动滴灌系统帮助浇水。由此又产生了新问题，即：什么样的植物适合采用滴灌系统进行浇水？

要分析这个问题，笔者呈现了一些常见盆栽植物与大自然中植物的相关视频和图片，让学生观察后思考并将其按照喜湿的程度进行分类。引导学生进一步思考植物多样性与环境的关系。最后，引导学生动物的多样性与环境的关系，从中可以升华到生物的多样性与生物进化的联系。

结合"如何放慢滴灌系统的滴速"与"什么样的植物适合采用滴灌系统进行浇水"这两个问题，可以产生新的、更具有挑战性的问题，即"如何根据植物的需求确定滴水的速率"，要解决这个问题，则需要查阅相关的资料，选择合适的植物，计算该植物在10天内合适的浇水量和浇水频率。

在大概念的视角下，笔者有意识地创设"有效失败"，使得学生在经历有效失败的过程中提升认知的广度和深度。学生往往习惯于常规性问题解决，即只需要"回答问题"，而很少思考问题本身的漏洞，认为只要"回答"了便是"解决"了。而创造性问题解决则需要师生共同转变思维方式，即不断地分析问题、解决问题、再分析问题、产生新问题、解决新问题这样一个循环过程。这样的循环过程不仅能够让学生在不断的迭代产品本身中激发创造力和想象力，还能够使学生逐渐从问题的一个切入点形成对问题整体系统的认识，即对问题背后大概念的认识。并用大概念去指导他们自己想办法解决其他领域的新问题，提高了学生学习的迁移力和STEM教学的有效性。

二、以"大概念"开展单元教学的教师行动

(一) 如何以"大概念"的视角开展单元教学实践研究

1."大概念"视角下的单元教学的理解

"大概念",也称"大观念"。通过大量、多种方式的学习,我们对"大概念"的初步理解是:"大概念"是反应专家思维的概念、观念,具有生活价值;它不断指向对问题解决的意义和价值的理解,即理解为什么这样做;它促进对思维的激活,对问题的解决有更明确的方向,更多元的方法,具有迁移力。

当前单元教学设计的难点在于如何将核心素养落实到单元之中。"大概念"视角下的单元教学实践研究,首先是分析学科课程标准和单元主题,在学科素养和单元目标之间提炼出中位的单元大概念,并以大概念为导向整体思考单元教学的目标、评价、内容、策略及作业。

2."大概念"视角下的单元教学的实践

我们形成了如下的实践研究框架。我们初步的实践做法包含三个关键步骤。

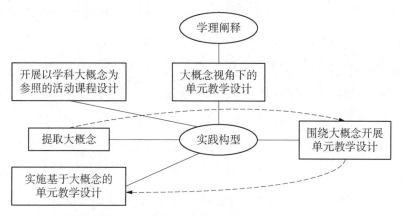

图4-1 "大概念"视角下的单元教学实践研究路径

第一步,寻找提取学科"大概念"的路径:分为自上而下的提取路径(比如,基于学生发展核心素养)、自下而上的提取路径(比如,学科教学与真实生活的联通点)。

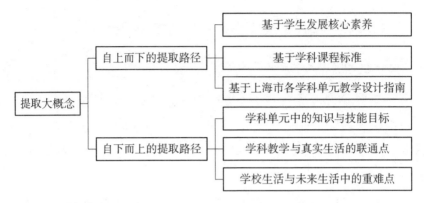

图4-2 "大概念"提取思路

综合不同学者的观点,以及我们在实践中的研判,探寻大概念的提取路径。一方面,依据国家课程方案、各学科课程标准、学生发展核心素养、上海市各学科单元教学设计指南等,尝试"自上而下"提取在很大程度上属于"现成的"大概念,难点在于促使教师能准确理解大概念,并根据学生和教学的实际情况进行细化,包括梳理下位的大概念或小概念,以及找到教学的重难点。另一方面,根据学科教学和真实世界的联通点、学校生活中与未来生活中的学习难点、学习者所达到的理解等,尝试"自下而上"提取大概念,难点在于是否能够确保沿正确方向上升到大概念层面。

比如,小学数学学科的"统计"单元,我们通过自上而下的"研读",梳理出"数据分析的观念"作为大概念,又经过基于单元目标与内容的"自下而上"的分析,提炼了"根据数据做出合理决策"的中位"大概念",最后根据小学生的学习认知目标和学科标准,我们确定单元大概念具体指向对数据的收集、整理、分析、判断等不断的深度理解,以及在真实情境中不断创新解决真实问题的能力,以"数据意识"的培养来统领单元目标、评价、活动等的整体设计与教学实践。

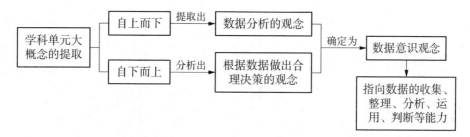

图4-3 "大概念"提取思路(以小学数学学科"统计"单元为例)

第二步,围绕大概念开展单元教学设计:首先,"以大概念为统领的目标导向",从学什么、怎么学、学会什么三个层面设定单元教学目标;随后根据目标进行单元评价设计,包括对学习进行评价(过程性评价、总结性评价)、对评价进行学习(学会评价自我、学会评价他人);然后进行单元内容设计,把教材内容、拓展内容有机统整;最后进行实施过程设计,围绕为什么教(培育核心素养)、教什么(以大概念为核心的结构化课程内容以及学习迁移能力)、怎样教(介入真实情境与任务)、谁来教(像学科专家一样思考的教师),探索大概念视角下单元教学的阶段设计与方法设计,包括选取核心问题、创设真实情境、设计活动形式、预设学习成果等。关键是通过大概念教学设计,让学生习得运用以大概念为核心的学科内容去思考解决社会生活情境问题的迁移能力。

以音乐学科的"民乐悠扬"为例,教师们提炼出的单元大概念为"民乐竹制吹管乐器的音色特点及在不同地域器乐作品中的表现力。教师根据这一单元大概念的导向,以儿童音乐剧的创编活动作为实现深入理解与学习的迁移的载体。

第三步,实施基于大概念的单元教学:通过学科单元研究工作坊,开展课堂教学实践,并组织观课与研讨,随后修订单元教学设计,然后再次进行课堂教学与研讨,根据实际情况循环进行,最后组织撰写课例研究报告。

根据学校实际情况,分学科、分学科逐步有序推进,我们第一阶段主要在数学、音

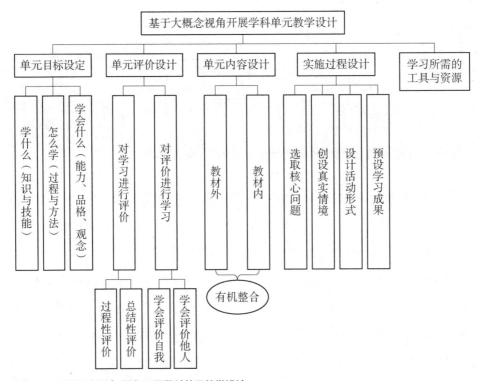

图 4-4 基于"大概念"视角开展学科单元教学设计

乐、自然、STEM 学科中推进研究,有计划地尝试挖掘学科某一单元的大概念,围绕凝练的大概念开展单元教学设计与实施,课后组织深度的教学研讨与反思,形成课例,在此基础上积累"大概念视角下的单元教学设计"实践经验,进而形成"拓展运用——反思提炼——积累经验——优化运用"的良性循环研究。随后,尝试在同一学段内,梳理不同学科大概念以及对应学科内容与实践之间的彼此关系,构建大概念与学段学科内容及实践的对应列表;以学科大概念为参照,以生活逻辑为组织方式,推进学校既有的国际理解、主题活动、STEM 等活动课程单元设计。此外,探索以大概念为核心创设基于真实情境的多样化学习方式,有机融合讲授式、主题式、项目化、游戏化等学习形态,积累一批典型的基于"大概念"的单元教学设计与实施案例,并培训推广至学校更大范

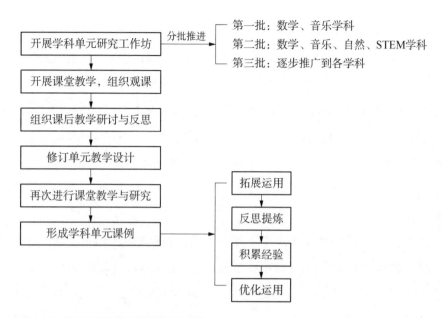

图 4-5 基于大概念的单元教学实施路径

围的运用。

（二）立足课堂特质的教师实践

以小学数学二年级"统计"单元为例，教师认为统计单元教学中的数据分析观念，不是计算、画图等简单的技能，而是一种学生亲身经历整个活动后的感悟。因此，为了培养学生的数据分析观念，课堂中需要创设真实可感的情境，以问题引领学生收集数据、整理数据、分析数据，并根据数据进行判断和简单地预测，让学生经历统计的全过程，从而初步形成数据分析的观念。

立足课堂特质，教师开展了大概念视角下的小学阶段统计单元内容的实践与研究，以二年级"统计表"为例，教师围绕小学生数据分析观念培养尝试了如下行动。

1. 创设真实情境,提出核心问题

让学生亲近数据是小学统计教学中体现儿童立场的方式之一。创设童话、故事类的虚拟统计情境虽能吸引学生,但偏离了统计的价值取向;采用统计部门的数据虽真实且具数据分析的价值,但离学生的现实生活较远,难以让学生对数据产生亲切感。统计素材的选择要贴近学生的生活现实,能驱动学生情感参与;要具有真实性,体现统计学的特点,同时数据还要具有一定的开放度,数据内部有一定的冲突性,以激发学生的情感认同和思维的深度参与,让学生体会到数据中蕴含着丰富的信息,产生进一步分析数据的内需。所以,选择有效的统计素材是发展学生数据分析观念首先要解决的问题。

创设一个真实的情境问题,学生才能体会到统计的现实意义,面对真问题来学习统计,体会统计的必要性。统计的内容与现实生活有着密切的联系,需要让学生经历实实在在的统计活动的全过程,感受其现实意义和应用的价值。只有儿童亲身活动体验,才能形成数据分析的大"概念"。

【片段一】

师:(展示图片)这是哪里?(迪士尼乐园)去过的同学请举手。学校秋游计划带大家去上海迪士尼游玩,但秋游时间有限,每个年级只能安排一个游玩项目,你更喜欢哪个项目?

生1:我喜欢"雷鸣山漂流"。

生2:我喜欢"加勒比海盗"。

生3:我喜欢"巴斯光年"。

生4:我喜欢"飞跃地平线"。

师:你们喜欢的项目各不相同,那二年级的老师们怎么选择呢?

生:我们可以投票,少数服从多数。

师:怎么投票?班级举手投票可以吗?

> 生1：班级投票选出的项目不能代表全年级的选择，我们可以把全年级同学聚集起来投票。
> 生2：全年级学生数量大，也可以每个班随机采访几个同学。
> ……
> 本节课一开始创设情境，也就是本节课的核心问题，整个年级秋游去迪士尼乐园游玩，因为时间有限，我们只能选择一个项目游玩，那么我们选哪个项目。通过贴近生活的情境，学生感受为什么要统计，统计来源于生活，并且应用于生活。班级喜好是否等同于年级喜好，经过讨论，同学发现班级喜好可以用现场投票的方式选出，而年级喜好因为数据量比较大，可以用随机采访的方式来完成。

2. 生成系列子问题，经历统计全过程

以往的教学中，统计之初缺少对统计需要的背景交代，统计结束缺少对统计目标的分析，较多关注统计的形式和结构，停留在操作的层面上，不会思考要面对什么问题，怎么解决，解决过程是怎么样的。例如教材中统计班级中每月的出生月份整理出统计表，课堂上热热闹闹，每个孩子都很兴奋地说出自己的出生月份，然后进行统计，汇报得到哪个月人数最多，哪个月人数最少，到此结束。

只有让学生经历统计的全过程，才能尽可能凸显问题的解决，让学生在问题的解决中自己产生统计的需要，为什么要统计，然后怎样统计，用什么的形式呈现数据，分析统计的结果进行判断和决策。

【片段二】

> 师：老师提前对部分二年级同学做了些采访，随机收集了二十几名同学的数据，我们一起来听一听（播放提前采访的音频）。

师：你们听完后得到什么信息？

生：我听到喜欢"雷鸣山漂流"的同学最多。

师：你能确定吗？怎么证明呢？只用耳朵听还不行，我们要用纸和笔记下来。

（再次播放采访的音频）

交流各种记录的方法：画竖杠、打钩、画圈、写数、画"正"字……

师：你们觉得哪种方法更简单？为什么？

生：我觉得画"正"字更方便，因为几个"正"就是几个5，和5的乘法有关。

……

收集数据后自然就有个问题：怎么记录收集所得的数据？通过"听"尝试第一次计数，引发只用"听"不能掌握具体、准确数据的结果，让学生意识到用记录表来记录的必要性。于是自然就讨论了用什么符号记录方便，利用学生的生成资源，让学生发现画"正"字的方法记录更简便。

【片段三】

师：我们如何能一眼看清喜欢每个项目的人数呢？你能根据"正"字来填写人数吗？写什么算式？（填写学习单）

师：经过我们对数据的整理，形成了这样一张统计表，为了让大家一眼就知道它统计了什么，还缺个？（标题）那标题是什么呢？喜欢迪士尼乐园游玩项目的情况？（谁喜欢？大人喜欢还是小朋友喜欢？）同学喜欢迪士尼项目的情况？（低年级和高年级同学的偏好也可能不同）二年级部分同学喜欢迪士尼项目的情况。

现在观察这张统计表，到底去玩哪个项目你有结论了吗？（雷鸣山漂流）所以我们为了知道大家更喜欢迪士尼乐园的哪个项目，经历了哪些过程？收集数据、整理数据、分析数据这三个过程。

……

通过对记录表中的数据整理，形成更加清晰直观的统计表。学习简单的统计表的结构，知道统计表中有统计项目、统计数据和统计标题，统计标题要明确表示统计表统计的内容，并且学生会对统计表中的数据进行观察、分析，提出数学问题以及自己的见解。

当整理数据后要清晰一点，收集来的数据是为了要选择哪个游玩项目才去做这件事的。所以这个过程是要让学生体会到数据背后的信息。核心问题生成系列子问题,而生成的问题是与核心问题一环扣一环,慢慢深入。从核心问题"选择哪个游玩项目"出发,生成一系列问题:怎么收集二年级同学喜好情况的数据?现场投票还是随机采访?怎么记录收集所得的数据?用什么符号记录更方便?……通过这一系列问题推动了整节课的教学过程,以问题始,以问题续,以问题终,以问题为导向的课堂更能让学生体会知识的生成过程。老师由主导者转变为学习的设计者和支持者,把课堂还给学生,让真实学习发生,让数学核心素养真正落地生根。

3. 亲近感悟数据,提升数据意识

用数据说话,而不是为了让学生巩固知识点去构造一些虚拟的数据。我们要让学生体会到数据收集是跟解决问题息息相关的,进一步地让学生体会到收集数据,可以帮助我们做决策。

【片段四】

师:根据刚刚的统计表,我们就定下去"雷鸣山漂流"了?想一想当我们真的到迪士尼乐园之后,还有什么没有考虑到的问题吗?

生:我们还要考虑每个项目的排队等候时间。

师:对的,排队时长也很关键,请你们根据喜好的统计表来猜一猜哪个项目排队时间最长,哪个项目最短?

生:因为"雷鸣山漂流"喜欢的人数最多,所以排队时间应该最长,而喜欢"飞越地平线"的人最少,排队时间最短。

师:老师找到了某日上午10时的排队时长,飞越地平线的排队时长好像跟你们猜测的有些不同,这是为什么呢?(讨论)

生1:有可能"飞越地平线"每次游玩人数不多,所以导致排队时间很长。

生2：有可能"飞越地平线"游玩的时间较长，所以排队时间长。

生3：这张统计表只是我们二年级的部分同学喜好，不能完全代表其他年龄层的游客喜好。

......

从猜测与实际情况的矛盾点出发，让学生初步了解二年级部分同学喜好情况统计表的数据只是一部分，如果要推测生活中的实际问题需要更多更全面的数据。

总之，在知识技能层面上，数据分析观念的形成有赖于统计过程的经历，主要是数据收集、数据整理描述、数据分析判断。在思想观点层面上，数据分析观念的实质是三个紧密相连的思想，整体思想、随机思想、相对思想。然而用统计来解决生活中的决策问题，往往不能只从一个角度去分析，所以引导学生统计没有对错，只有优劣，我们应该考虑多种因素，从而选择最优方案。

学生为了解决一个真实的问题而亲身经历了统计的全过程，当他们以后再遇到生活中的统计问题时，就知道要先去做调查，收集数据，要分析所得的数据，根据数据来得到结论。他们就会慢慢形成这样的数据意识，从这个角度去思考问题，数据分析观念就自然形成了。

三、以"大概念"驱动课堂转型的教师反思

（一）实践成效

1. 教师的教在变化

教师逐步转变教学设计思维方式与行为：一节一节课地教——融会贯通地教——打通真实世界地教。具体体现在：一方面，指向"大概念"的大问题设计意识呈现，课堂上教师琐碎的问题与无效的追问明显减少，取而代之的是真实情境下的驱动问题，学习过程中学生主动生成的问题；另一方面，学习活动的设计与真实世界有对接，教师开始关注学习过程中的真实情境创设，具有生活价值。在学习活动设计中开始注重在生

活情境中让学生尝试解决真实问题,学会对知识的建构迁移。

2. 学生的学在变化

学生在教师教的设计和引导下,学习过程更加丰富生动,学习态度更主动,学习样态呈现一些变化:一个个知识点地学——趋于更深入理解地学——迁移到真实生活情境中去解决问题。具体体现在:一方面,学习过程中,学生有效的学习投入正在增加,即学生在有效学习时间、情感的投入、专注程度都有提升的趋势;另一方面,学习经历中,呈现点状的学习向网状的学习发展趋势。

(二)指向深度学习的教师指导

以小学音乐单元教学的活动设计与演绎为例,教师从学生的学习和探究的角度出发,梳理了系列化的教师指导活动。"民乐悠扬"这一单元主题探究活动的整体脉络为:民族乐器"笛子"(曲笛)介绍——《牧笛》;江南丝竹乐中的"竹"与"丝"了解;江南地区音乐作品赏析;中国民族乐器回顾;主题性戏剧创作活动。单元每个教学环节都是环环相扣的,相应地,教师指导也围绕"大概念"循序渐进,每一步都是为了让学生更好地进行探究活动的铺垫。

> 开始阶段,教研组的老师扮演学生,将整个过程尝试实施了一遍,在这样的一个过程中,不断地调整和反思。为了能让班级每个学生都有所学、有所演、有所成,在教学中,老师引导学生组成几个小"部门",让孩子们都能根据自己在学习过程中的兴趣点和自己的特色,在音乐剧实践中发挥到最好。同时,也有助于学生真正参与课余实践。
>
> 导演:老师与学生共同担任
>
> 经理人:协调各个小组排练\统筹管理
>
> 故事编配组:编剧功能\老师和学生共同担任
>
> 演唱演奏组:创编歌曲声部\器乐演奏内容\口风琴或其他乐器伴奏曲谱

舞蹈律动组:创编涉及的所有舞蹈和律动环节

音响音效组:编排设计打击乐器节奏

舞美设计组:设计整剧的背景\道具\服装

剧务后勤组:头饰\道具搬运等工作

以上分组是基于教学内容基本完成的情况下根据学生自愿的原则教师进行协调与统筹……

此外,为了能更好地引导学生进行探究活动,教师自身素养的培训必不可少,教师必须对整个单元中所呈现的专业知识内容非常熟知。因此,在实施教学前期对任课老师先后针对中国民族乐器以及"江南丝竹"乐进行了组内教师本体知识培训。

根据研究脉络分成三个小组:民乐器乐探究、江南人文情怀、展示演绎,从教师和学生两个角度设计整体探究活动。课堂教学从两方面入手,首先是教师引导主要教学内容从聆听、模唱、体验活动开始,之后带着探究活动任务单分为"人文探究小组""民乐悠扬演绎小组""江丝竹乐小组",各个小组根据不同的探究主题,每位学生承担不同的探究活动,通过这样的形式来丰富和拓展整个教学内容。而教师则变成了一个导演,将学生所探究的内容串联,并用故事的形式给学生最后进行角色分配和演绎。因此,单元教学活动的每一次反馈都是一次学生自主学习的课堂活动。这样的教学形式,使得课堂发生很大的变化。

教研组所有的老师尝试着从老师和学生两个角度将整个单元的教学完整的进行了一次模拟演示。这样的教学研究让老师们对即将在课堂内的实施信心倍增;这样的单元整合教学和教学活动使教育资源扩大化,促进了教育资源的有效利用和深入利用,使课堂更加丰富多彩,拓宽了课堂教学的面。课堂是音乐的,也是人文的,音乐也是如此,每个地方的音乐都有自己的特色和韵味。教师工作坊从江南音乐入手进行深入研究,挖掘民族乐器的前世今生,拓展江南丝竹的制作来历以及演绎,还进行了江南戏曲唱演,大大扩充了课堂里的教学内容,真正把地方资源搬进了课堂。同时,这样的团队教学研究活动,促使教师重新审视自己的课堂和教学,也对教材有了新的认识与理解,逐渐意识到要站在学生核心素养培育的高度,统整学科资源,调整教学思路,创造出丰富的与之相适应的教学程序与方法,使得教学真正完成向学科核心素养的归位。

第二节　项目化学习,教师专业成长的新路径

孩子,是灵动生命的体验者。项目化学习用真实的问题情境联结生命、学科和世界,赋予儿童探究的双眼、具身的体验和无限的探索空间,对问题持续不断的思考,激发新热情,激活新创造力。项目化学习,打开了我们学习的味蕾,在真实世界里,让学习绽放更精彩的滋味。

学校从 2018 年开始,便组织教师研读《追求理解的教学设计》,开展基于"大概念视角下单元教学设计的实践研究",尝试引入项目化学习的要素开展有主题的工作坊活动;2019 年,学校参与"学习素养·项目化学习"实验项目,成为项目实验校,有计划地开始项目化学习实践研究;2020 年,学校成为上海市项目化学习三年行动种子实验校。

项目化学习作为教与学方式的变革,对《义务教育课程方案和课程标准(2022 年版)》中提出的结构化、实践性、综合化等变革的重要原则与核心内容,起到了重要的推动力,促进教师在教学中不断形成结构化设计思维,显现突破学科本位意识。具体而言,项目化学习实践中,我们发现以项目为载体,构建指向大概念理解、深度学习和素养培育的项目化学习,有利于教师对学科素养理解的纵向贯通,形成结构化学习的思维设计。我校在实施项目化学习中,注重引导教师梳理大单元、提炼大概念,帮助教师清晰系统地了解本学科小学阶段有哪些核心素养,根据不同学科的不同样式进行结构化梳理,如对累积式的语文、英语等学科根据教学主题来梳理,对板块化的数学、自然等学科可根据知识模块梳理,对技能性的音乐、美术等学科可根据专项任务来梳理。基于大单元提炼单元大概念。这些问题是"每节课不迷茫"的真正钥匙。引导教师在

设计一个单元、一节课之前先厘清这些问题,是项目化学习变革探索过程中我们认为要解决的重要问题,也是项目化学习教的变化的必须环节,是教师专业生长的价值所在。另一方面,高质量的项目化学习的核心价值为素养导向,学习要素为生活情境、真实问题等,开展形态为合作协同等。教师教的适应,就是要突破学科本位限制,引导学生把不同学科知识或方法进行整合,运用到解决真实问题的过程中,在横向维度快速成长,形成潜力无穷的教育新方式。

一、力求新突破的教师研究路径

福山外国语小学项目化学习的校本实践赋予了学校教学新的活力与视角。项目化学习聚焦学科中的关键知识和能力,聚焦活动中的创造性问题解决,促进学生发生知识联结,促使核心素养的落实。面对项目化学习的挑战,学校选择"由易到难"的策略,以便更好地帮助先行教师理清设计与实践的思路,同时寻求项目设计的新路径,力求项目实施有新突破。

活动项目中,聚焦项目化学习要素融入,探究方式的迭代。在传统活动中,植入项目化学习要素,局部升级,促进合作实践,培育创造性思维,探索校本实施的活动项目样态。如,"2020福山外语节"中的探究项目板块,通过设计概念图,将项目化学习要素平移至活动设计中,改变了学生学习方式。学生能够基于真实问题学习、自己参与选择探究内容、设计探究方式、评价探究成果等。

跨学科项目中,聚焦学习过程中的创造性问题解决。探究学科知识的融合运用,在真实情境下对问题进行提取、分析理解和基本策略的思考,创新学习方式,对创造性解决问题的过程进行反思。基于活动项目的经验,依托学校的STEM、IU等跨学科课程,通过学科与学科、学科与生活、学科与人际的联系与拓展,设计项目化学习,培养学生跨学科核心知识和概念的融会贯通的能力。

学科项目中,聚焦学科核心概念的理解与迁移。在"大概念"视角下统摄单元学习内容,开展结构化学习设计,研究学生对学科核心概念产生更深刻的理解、能有效迁移的学习、学以致用的学习,触发高阶思维活动,提升创造性问题解决能力。

二、凝练新策略的教师协作提升

学校自 2020 年 10 月被命名为上海市项目化学习三年行动计划种子实验校以来,基于学校的课程特色情况、教师发展需要以及学生培养目标,结合项目化学习的前沿理念和学校各项目团队的研究基础和总体设计,始终以多元的项目、系统的课程、高效的课堂引领学生"走进更广阔的世界,理解更多元的世界,创造更美好的世界"。项目化学习既是课改理念,也是行动指针,学校教师在开展项目化学习设计与实践过程中,接受新理念、尝试新方法、探索新路径,扎实研究,循序渐进,思行合一,携手走在项目化学习的探索旅程中。

项目化学习的学校实践,教师是关键。在教师队伍的培育上,学校有三个层面的思考:首先,如何从初期引入项目化学习的理念,并培育出有项目实践热情和专业能力的种子教师;其次,如何在培育了种子教师后孵化出种子团队;第三,如何在孵化种子团队后,保持教师项目实践的热情,在学校和学生的认可中持续提升发展专业能力。

在此,尝试梳理了学校实践中的经验与智慧,提炼学校如何以项目化学习为载体,基于教师个人发展意愿,发挥个人特长,扩大团队力量,推动教师队伍高质高效发展的实践探索之路。

(一)投石问路,引人入胜

在项目化学习推进过程中,我们的"投石"是指给予教师一些以兴趣为导向的理论基础,"问路"是指让教师以探索为背景的实践摸索,让有兴趣的教师在理论学习后有探索的机会;而"引人入胜"则通过"跟着做"的实践探索方式,让部分有意愿尝试的教师"跳一跳能摘到果子",找到项目实践的乐趣,并葆有为之进行更深入研究的热情。

这条实践智慧与经验,为后续项目化学习教师团队的建设发展起到了奠基作用。

学校的"投石"从2018年便开始了,我们组织教师研读《追求理解的教学设计》,开展基于大概念视角下单元教学设计的实践研究,尝试引入项目化学习的要素开展有主题的工作坊活动;2019年,参与学习素养·项目化学习实验项目,成为项目实验校,学校有计划地开始项目化学习实践研究;2020年,学校开启了项目化学习的新征程。经过"投石",项目化学习的种子已经播撒进部分教师心中,我们知道部分教师已经有了一定的理论基础,想要跃跃欲试了。

在2020年3月期间,学校开展线上教学,我们希望教师在理论学习的基础上,尝试开展项目探究实践,给予学生更丰富的学习体验,自身也能学以致用。那么在项目化学习的推进过程中,学校如何从初期引入项目化学习的理念,并培育出有项目实践热情和专业能力的种子教师的?

我们在"投石"的基础上开启了"问路"。学校向有意开展线上项目探究活动的教师发出集结令,共同研讨线上项目开展事宜,多位教师主动请缨,学校立刻以"我们在行动"为项目探究主题并组织成立了研究小组。此次参与教师大多是在学习项目化学习教学方式后有兴趣而并未参与过设计与实践的教师,但是在教师个人意愿的驱动下,团队凝聚在一起开始初步尝试探索实践。作为学校管理团队,躬身入局引领项目破冰,不给参与的教师设定过高的目标,搭设教师实践的支架,遵循"以教师个人意愿为基础,实践的过程由易到难的原则",实现让教师走得更远;同时于教师个人而言,"心有所信,方能行远",个人研究兴趣及发展内驱力是其专业发展的重要推动力。在此次项目设计活动中,教师主动研读学习更多项目化学习相关理论,以2—3人为一组互相探讨实施环节,乐此不疲,最终形成了8个系列探究活动,其中"打印机为什么会脱销?""我们听到的消息都是真的吗?""World of All Health for All"等项目深受学生喜爱,获得了大量学习实践反馈,也大大激励了为之付出巨大心血的教师团队。

与此同时,大部分参与该项目的教师又主动参与到2020年5月开展的"2020福山外语节"探究活动项目中,同时带领更多教师参与到后续项目设计中,对活动的顺利开展起到了至关重要的作用。可见,在"投石问路"之后,参与实践的教师对项目化学习有了更深刻的体会,也对此有了更浓厚的研究兴趣与实践热情,"引人入胜"的项目实践为后续团队的发展起到了很大的铺垫作用。

因此,"投石问路,引人入胜"是我们基于教师个人发展意愿,发挥个人特长,在教师理论基础上加以实践后,引导教师更为深入研究的实践智慧之一。

(二) 明修栈道,暗度陈仓

在经济领域,我们知道有"有形的手"和"无形的手",而在学校开展项目化学习实践过程中,我们也有类似的"手"在为教师发展和项目实践进行宏观调控和指导调整等。在项目设计中,作为一名教师,更容易从自身负责的项目主题切入,从而进行根据项目化学习的教学特点设计相应的实施步骤等;而作为一名学校项目化学习管理人员,则需要从学校的课程特色情况、教师发展需要以及学生培养目标来进行总体设计,同时,也需要在教师设计和实施项目过程中,及时为其提供相应的资源支持等,以确保项目的顺利开展。"明修栈道"就像一只"有形的手",让教师根据学校项目整体规划,逐步推进项目的设计与实施,而"暗度陈仓"就像一只"无形的手",为学校种子教师及团队的培育、教师学科本位限制的突破等注入了诸多管理智慧。

学校在教师发展方面有以下两点目标:一是,种子教师能够孵化种子团队,形成更好的项目化学习团队组织样态;二是,教师能够突破学科本位限制,不断打破学科边界进行不断深入地实践。其中,设计和实施项目的过程是"明修栈道",而学校对教师发展的两个目标的实现是借助项目"暗度陈仓"的过程。

对于第一个目标,我们致力于种子教师能够孵化种子团队,形成更好的项目化学习团队组织样态,使学校实现了教师队伍从"1"到"N"的推进。诚如前文提到的,在实践项目化学习之初,我们就清晰地认识到项目化学习的课程变革行动和实践的关键在于教师,教师教的改变是关键点也是难点,而一支专业的项目化学习行动教师团队不是一蹴而就的,对教师培养要根据基础,循序渐进。在项目化学习行动中先培养"种子教师",再形成"种子教师"团队。根据学校实际,经过客观评估,我校确定了循序渐进的原则,以"滚雪球"的方式推动项目化教师团队的发展。我们形成了两个"一"的基本路径。

  首先,在一个先行团队中培育"种子"教师。在一个核心团队中孵化,能够集约资源,实现在实践之初有更准确的理解,更精准的设计,更有效的实施,更及时的反馈,有利于更专业的种子教师的培育。先行团队的人员的确定,首先是双向选择,需要你情我愿,需要具有下列基本点。从教的视角重点关注以下三点:是否愿意与孩子们一起做创造性的工作,是否愿意为孩子们营造更好的学习经历,是否愿意和孩子们建立更深度的联结。从研的视角重点关注以下几点:是否有研究的热情,是否是好的协作者,是否愿意不断改变。学校以此标准组建先行团队。首先,尝试开展主题项目化学习的活动设计中,确定了8位有兴趣项目化学习实践的"种子"教师,教师通过在"做中学"对项目化的价值导向、学习要素,工具策略有了一定的认知基础,尤其对"驱动性问题"的设计做了深入研究。其次,在一个重点项目中扩大"团队"培育。在准备开展市级项目化学习工作坊展示活动时,我校数学学科组有一位市级项目化学习种子教师方老师,而数学学科队伍也是一支教学教研力量很强的队伍,如何发挥种子教师的作用,如何通过种子教师在一个重点项目中扩大"团队"培育出更具凝聚力更具思考力的教师队伍是学校关注的重点。在组织市级工作坊研讨工作中,我们始终发挥种子教师的带头引领作用,项目组长的组织协调作用,让数学组老中青三个层次的教师都能发挥应有的作用。在工作坊准备过程中,以种子教师和骨干教师为核心对工作坊主题进行深入探讨研究,并整理相关理论框架,开展主题发言;由青年教师学习相应的理论框架后,进行项目化学习的课堂实践研究,同时经验教师、骨干教师陪同观课磨课;由项目组长组织协调活动统筹,并协同经验教师配合相关事务性工作。通过此次工作坊,青年教师实践锻炼了,骨干教师成熟成长了,经验教师发光发热了,整个项目化学习的研究团队也顺势建立起来了,因此教师对活动开展的准备工作是"明修栈道",而整个团队的培育才是学校统筹安排下的"暗度陈仓"。我们也坚信"做中学"的实践是最有效的培训。福山的教师队伍整体综合素养有潜力,让每个人都能发挥更多的才能和价值,我们赋予不同的教师更多的责任,也给与更多的自由,在活动设计过程中提升专业能力,并给予青年教师更多锻炼的机会。同时也让他们认识到自身的价值与潜力,为后续的发展注入更多的活力。

对于第二个目标,我们致力于让教师能够突破学科本位限制,不断打破学科边界进行不断深入地实践。以"2020福山外语节"为例,我们将学校的优化力量重新组合,形成跨学科、跨层面的、新的、灵活的、充分融合的活动项目核心研发团队,校长室联合课程研发部等开展了头脑风暴,最终根据不同年级的学生特点,确定了五个年级的系列探究主题——宜居、宜行、宜学、宜游、宜业。确定了年级的探究主题后,每个年级再指定年级负责教师研发团队,根据主题,进行深入的项目化学习设计。负责研发的教师,本身只负责某个学科的教学,但是为了研发项目,教师自身需要突破学科本位限制,将各学科融入项目设计与参与过程,不断打破学科边界,不断深入实践。项目化学习与以往的学习方式有诸多不同,教师可以更好地实现教学方式和教学资源的整合。在项目设计过程中,对于本质问题的探讨,驱动性问题的设计,入项课程以及视频的制作,出项成果的展示等要求,全都由教师研发团队根据该年级学生认知特点、兴趣喜好等合作开发完成,更多教师不是在末端,而是在设计、组织、实践各个阶段都参与进来,一起研,一起做,活力释放。

(三)上下同欲,拨云见日

在项目化学习的实践中,我们的"上下同欲"是管理团队和设计团队的团结合作与默契配合,"拨云见日"是两者共同面对项目中的问题与困难,排除万难,共同实现项目的顺利实施。作为学校管理团队,我们聚焦两个重点:专业赋能、保障支持。我们深知在项目实践探索中,教师必然会遇到各种问题,而如何保持教师项目实践的热情,在学校和学生的认可中得以持续提升发展专业能力,需要学校对教师项目设计与实施过程的动态关注与及时支持。我们需要教师明白"**夜色难免黑凉,前行必有曙光**",作为学校项目实践的先行者,项目化学习的探索之路可能会遇到困难,但学校会竭尽全力支持整个团队,只要"上下同欲",教师一定可以克服项目中遇到的困难,终会感受到"拨云见日"般的项目实践乐趣。

2022年6月毕业季,我们管理团队和毕业班教师策划了"会'说话'的毕业纪念册""给新福娃的礼物:入学小贴士""毕业季,学校操场由你设计"系列毕业课程项目,以"感恩、责任与担当"为主题,引导学生回忆五年来与老师和同学以及母校相处的美好生活,同时激发学生感恩母校、感恩师长的情感。"会"说话"的毕业纪念册"让学生用手中的笔书写与福山的"缘分",用创作的画绘出福山的"最美瞬间",用最动听的声音说出对福山的"感恩"。"给新福娃的礼物:入学小贴士"和"毕业季,学校操场由你设计"则引导学生回忆这五年来在校园中的点点滴滴,通过设计实用又有趣的一年级新生入学小贴士和设计改造新操场赠予新"福娃"们,用心、用情为学弟和学妹们留下珍贵的"礼物",也为母校留下一份特别的毕业季礼物。

在建立团队之初,学校管理团队提供人力资源支持和专业保障支持。在项目研发阶段,学校管理团队始终做到躬身入局,和设计团队始终在统一战线上,同时邀请专家指导支持。在项目实施阶段,学校管理团队搭建支架,组织研修活动,同时提供专业设计师、市级项目组专家、家长团队等相关专业人员支持。在项目总结反思阶段,学校管理团队助力教师团队专业赋能,共同复盘项目设计和实施过程中的成与败,为教师提供针对性的成果展示平台。

所谓上下同欲者胜,风雨同舟者兴,只要管理团队和教师团队团结一致,管理团队从资源支持、搭设支架和专业赋能等方面为项目实践的教师尽量解决项目设计和实施过程中不同阶段的问题,让教师感受到团队的力量,定能使团队保持项目实践的热情,同时收获"拨云见日"后的专业成长。因为项目的顺利开展,可以让教师在学以致用中增强领悟力,在设计研讨中增强创造力,在落实实施中增强执行力,在总结反思中增强洞察力,在团结共事中增强凝聚力。

"投石问路,拨云见日"是学校以项目化学习为载体,基于教师个人发展意愿,发挥

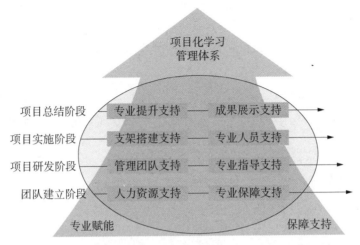

图 4-6 福山外国语小学项目化学习的管理体系

个人特长,凝聚团队力量,推动教师队伍高质高效发展的探索之路,我们一步步地从培育种子教师、孵化种子团队到提升教师团队专业能力并保持教师实践热情的过程中不断尝试、积累、成长、反思、优化,循环往复。对学校而言,每一位教师的成长就像是种子培育到鲜花绽放的过程,而我们也感悟到"没有一朵花,一开始就是一朵花",教师成长过程中的理论学习、实践探索、资源支持和梳理总结等就像阳光、雨露和土壤,这些是他们成长的必要条件,当然学校的方向引导、兴趣驱动、活动保障等一系列的支持体系也是他们成长的重要养料。

我们也始终相信"道路且长,行则将至;行而不辍,未来可期",在项目化学习的推进过程中,教师需要面对的困难会有不少,然而哪怕是最近的路,不走也是无法到达的,只有在"做中学"才能成长和达成目标。

三、激发新活力的教师发展成效

项目化学习从先行者的小范围的行为发展为一个学校的整体行为,以正确的价值导向、系统设计,促进教师协同合作,打开边界;以大胆的放手尝试,给予信任自主,规范操作、搭设支架、正面扶持,促进教师行动中验证思想,思想中产生行动,激发不断探索的勃勃生机。

目前,学校已经形成了一定数量的项目化学习种子团队,架构了项目化学习项目推进框架。回顾项目化学习设计与实施的历程,我们发现变化正悄然发生,学校焕发了新活力。

(一)项目化学习促进专业发展组织更灵活

学校组织结构从"固定"到"灵活"的进阶。根据不同项目需求,组成设计与实施团队,形成组织扁平化,减少研发和实施的层级,两个关键层面的人员充分融合,更多层面、更多数量教师同时承担项目的研发和实施,问题在研发与实施中及时消化。此外,结构组成多元化,学校将优化力量重新组合,形成跨学科、跨层面、灵活的项目核心研发团队,更多老师在设计、组织、实践各个阶段一起研、一起做,互通有无。项目化学习推进中,实施"种子教师"孵化的方式,项目团队从"1"到"N"逐步推进。在一个重点项目中扩大"团队"培育,在共筹中形成专业影响。

(二)教师应用项目化学习的教学样态更灵动

教师突破传统的教学准备,引领学生透过问题看本质,运用所学的知识与获取知识的方法去解决真实情景中的实际问题,形成可迁移的思维方式。教师参与过程中突破学科本位限制,不断打破学科边界,进行深入实践。项目化学习与以往的学习方式有诸多不同,其帮助教师更好地实现教学方式和教学资源的整合,使更多的教师有机会掌握并实践相关的策略。2023年9月,学校承办了上海市项目化学习工作坊,展示"指向大概念学习的数学学科项目的实践",课堂新样态获得了参与者和专家的一致好评。

学校通过组织教师课堂观察、示范课展示、教研活动和问卷调研等方式,引导教师发现项目化学习带来的课堂变化。通过数据分析,教师发现项目化学习的课堂与学生实际生活和已有经验之间的关联度更高了,学生参与课堂的兴趣和投入程度、活跃度更高了,以真实情境问题解决为核心特征的深度学习正在课堂上真实地发生,激活教师基于教学获得的专业发展动能。以数学组实施"设计蒙德里安式的地毯"项目为例,发现项目化学习课堂有三个变化:一是课堂更激趣,学生展现出极大学习热情,主动探索和应用新知;二是教师角色更多元,从讲授者转变为设计者、观察者、支持者;三是学习体验更丰富,学生在合作中经历了解决真实问题的全过程。实施项目后,一位教师在教师节收到了学生手作感谢卡:"量分贝,降噪音;算面积,铺地砖;福山币,做买卖……多美的回忆,多棒的体验,除了感谢还是感谢!"可见项目化学习在学生的成长道路上留下了深刻印记,也成了教师专业成长中的独特体验。

(三)教师的项目化学习设计与实施唤醒学生学习味蕾

学生在真实情境中生成问题,在采访中提升了沟通力,在调研中磨砺了执行力,在创见中涵养了想象力,在决策中锤炼了判断力等各方面能力,将不同学科的核心知识和概念融会贯通,以此应对实际生活中的复杂问题,让问题的解决有更明确的方向,更多元的方法。项目化学习唤醒了学生学习味蕾,学生更爱学习,不断实现更真实、更深度的学习。以数学学科为例,"校园降噪"和"福山农产品销售"等项目让学生化身环保小卫士和销售员,将统计图、数据分析等数学知识、技能的学习融汇到跨学科的学习过程中,教师则通过课堂行为表现的观察记录和学习成果展示每个学生的成长历程,义务教育"绿色指标"评价结果也进一步验证了学生高阶思维的发展,通过自身专业发展带来学生生命成长的积极情感体验,激活教师基于情感获得的专业发展动能。

未来,福山外国语小学将继续思行合一,让课堂焕发新活力。以高品质、多亮点的特色学校发展项目为驱动,让学校展现无限可能,让师生成长更可见,让变化一直发生。

第 **5** 章

凝铸课程：发挥教师专业成长作用力

"课程发展即教师发展",斯坦豪斯的这句话高度概括了课程变革与教师专业发展的关系。"好的变革过程可以给教师的职业生涯中带来持续的专业发展,让教师的专业成长处于学校革新的核心"[1]。富兰等人的观点与之不谋而合,"成功的课程变革包含了教师需学会做的全新的事情。在这个意义上,课程实施的过程在本质上也是一个教师不断学习的过程,因此,在改革的特殊情境下,教师发展与课程变革的实施是同步进行的"[2]。深挖其背后的学理依据,我们发现,课程变革可以促进教师不断更新专业知识和能力结构,培养课程意识,掌握课程开发的知识与技能,创建新型的教师文化。

新时代教育改革呼唤实现人的自由、全面、健康发展,意味着要关注学生的核心素养培育,要关注学生的和谐发展和个性化发展。福山教育持续立足开放性、适切性的教育理念,尊重儿童身心发展规律和成长需求,以国际理解教育为学校课程建设的特色品牌,先后历经"起步:教师主导的知识学习""阔步:学生主体的参与体验""稳步:探究导向的自主学习""健步:问题导向的建构学习"四个阶段的建设,致力于让孩子在课程学习中释放发展潜能,激发内生动力,体验归属感、获得成就感、提升幸福感,进而实现核心素养的全面发展。这一切的实现都离不开学校的高位引领和教师的深度理解与协同融合。

---

[1] Schwarz, G. & Alberts, J. *Teacher Lore and Professional Development for School Reform* [M]. Westport, CT: Bergin & Garvey Press, 1998:152.

[2] Fullan, M. & Hargreaves, A. *Teacher Development and Educational Change* [M]. New York: The Falmer Press, 1992:1.

第一节 理念认同，教师共研育人目标指向

特色学校是以特色课程为依托和载体的。因此，从学校发展需求和现实基础出发，学校努力构建含目标、内容、组织实施及评价的福山外国语小学课程体系，使之成为指向教育改革前沿、体现"双新""双减"精神、独具学校特色的学校课程。

从学校办学理念、历史传统和发展优势出发，以国家和地方教育改革和发展规划纲要为指南，把国际理解教育理念发展为学校独特的教育思想和学校文化的内核，积极倡导理解与宽容、多元与开放、平等与民主的人文精神，以及自主与合作、体验与感悟、行动与思考的探索精神，系统设计并整体推进各项学校工作，着重塑造品牌文化，赋予福山教育品牌深刻而丰富的文化内涵，建立鲜明的品牌定位，让福山教育品牌所凝练的深刻的价值观念、育人态度、人文修养、情感内涵、教育品位等得到教师、学生、家长乃至社会大众在精神上的高度认同。

学校立足国际理解教育理念的多元课程和五育并举的人文环境，致力于培养具有正气、大气、雅气、灵气的精神气质的学生，努力使其初步具备学会生存、学会做事、学会求知、学会合作、学会改变的意识与能力，具有尊重、负责、诚信、合作的道德品质，保持强烈的好奇心、求知欲，为培育创造美好世界和幸福生活的综合素养夯实基础，努力成为具备家国情怀、国际视野、全球胜任力的终身学习者和未来建设者。

一、正气：家国情怀，国际视野

正气：在各种环境中言行一致，举止得当，能体现良好的规范和素养，做事认真负责、诚实守信，待人接物诚恳、大方，有礼有节，能坦荡地面对错误并加以改正，勇

于指出各种不良现象。能尊重自我、尊重他人,对生态环境、正义、和平秉持全球意识和开放心态,对人类面临的全球性挑战给予积极关注,初步形成人类命运共同体意识。

二、大气:尊重合作,理解宽容

大气:能正确处理个人与他人、个人与团队之间的关系,具有克服困难和挫折的勇气和毅力,对学习保持持续的好奇心和求知欲,具有丰富的想象力和钻研精神,能主动地以全局视野和发展眼光整合多元知识和能力,初步形成人生理想和发展规划。能在传承和弘扬中华优秀传统文化的基础上,尊重和理解世界多元文化的多样性和差异性,积极参与跨文化交流互动。

在尊重他人的前提下,学会与他人合作;平等对话,分享彼此的成果;公平竞争,创造美好生活。学会尊重自己、尊重他人、尊重团队,有强烈的尊严意识,能够以自身的良好素养与表现赢得尊重,进而学会对不同国家和民族的文化习俗保持理解和宽容。学会对自己负责、对他人负责、对团队负责,有强烈的责任心和使命感,尽全力履行自己的职责,了解、关注、参与各种社会活动和国际事务。在与人交往中秉承诚实、守信的契约精神,不轻易承诺自己做不到的事情,尽力完成已有的承诺,以个人在群体中的口碑和形象获得他人信任。积极参与各种团队活动,培养团队合作意识,学会以团队力量共同完成任务,在与他人合作过程中,学习分工与协作,不断提高自己各方面的能力,尤其是自我定位、自主发展和自我反思的能力。

三、雅气:兴趣多元,阳光健康

雅气:在日常生活中穿着得体,举止优雅,对不同文化的艺术活动或作品保持浓厚兴趣,具有良好的艺术品位和鉴赏能力,有多种文体和艺术才能,具有初步的感受美、欣赏美、创造美的能力,情感丰富细腻,善于以多元丰富的艺术形式展示与对话。具备热爱生活、乐观向上的人生态度,主动面对生活中的挑战,发展生存与生活智慧,学会营造有意义的快乐生活。

四、灵气:学会学习,勤于探索

灵气:能从各种复杂的信息中找到核心内容,善于发现各种事物的内在联系和普遍规律,能敏锐地抓住问题的关键,迅速找到解决问题的方法和步骤,具有批判性和创造性解决问题的能力、表达自我主张和观点的能力、理解多元文化的学习能力、多语言沟通交往和化解矛盾的能力等。具备热爱学习、热爱科学、主动探究的精神和思维品质,掌握学习的方法和策略,初步建构具有自己特点的知识和能力体系。从自身的生活世界出发,积极参与力所能及的社会活动和主题实践,改造生活世界的同时,建构主观世界。在面对纷繁复杂的变化时,能够学会接受变化和适应改变,逐步成为积极改变的主体,通过主动引领改变来促进自身和人类社会的共同发展。

置身于宽广的现实背景和历史跨度中,着力于办学理念和学校文化的传承、坚守与创新,学校始终让课程变革落实在学校教育的生活与经验中,让日常教育教学实践不断赋予学校教学质量持续进步的力量。通过专项项目高效推动学校发展。在"打造国际理解教育特色学校"十年的总体办学目标下,不断丰富具有国际理解教育特色的课程内容,力求营造"校本生成、突出体验"的课程导向,"尊重差异、走向开放"的课堂文化,形成开放、合作、探究的教学文化。科研与教研相结合,引领学校课堂教学的变革。促进学科融合性,增加课程选择性,扩大教学开放性;探索为理解而教,实现深度学习,在探究导向的自主学习、问题导向的建构学习上下功夫,推动课堂改进。在学校课程顶层设计的过程中,教师深度参与,充分显示了教师的课程领导力,达成了打造国际理解教育特色学校、丰富福山教育品牌文化内涵的课程共识。

第二节 缘起实践,开发小学国际理解教育校本课程

通过对国内外国际理解教育相关的文献梳理,我们认为,国际理解教育(Education for International Understanding)是在国际交往日益密切的背景下,为增进民族、国家、地区之间的相互理解与宽容,促进全人类与自然和睦相处,培养儿童认同与弘扬中华优秀文化,尊重、了解其他国家、民族、地区的文化及风俗习惯的基本素养,初步学习、掌握与其他国家、民族、地区人民平等交往、和睦相处的修养与技能,探讨全人类共同价值观念的教育实践。它是在全球化的机遇与挑战面前,贯彻"面向现代化,面向世界,面向未来"的教育方针,为"世界的中国"培养能在世界范围内交往、竞争、创新的中国人所做的努力。

福山开展的国际理解教育既遵循了联合国教科文组织所倡导的一般原则和要求,也具有明显的校本化特征。学校在实施国际理解教育时,强调教育者必须关注学生心理特点、生活环境,联系学生个体经验、能力倾向和学习方式,体会学生独特感受,重视学生个体价值。在组织开展国际理解教育活动时,教师努力帮助学习者构建学习内容与自身及其所处环境的互动关系,帮助学生营造合作、自由、快乐的氛围,以诚实、谦虚、爱心的精神,实现和平、尊重、责任的教育,达到简朴、包容、团结的生活目标。

一、小学国际理解教育目标体系建构

在开展国际理解教育实践之初,根据国家的人才培养需求,以及国家课程改革在小学阶段的课程设置和内容安排,学校从三个模块、九个方面构建了小学国际理解教育的目标体系。三个模块为:情感、态度与品德模块,心理素质模块,知识与能力模块。

基于三个模块的框架,进而衍生九个方面的人才培养目标:做文明人、做爱国者、做大气之人、做绅士淑女、做坚强之人、做自信之人、做国际人、做合作者、做信息能人。

表 5-1 福山外国语小学国际理解教育课程目标模块体系

模 块	项 目	内 容
情感、态度与品德模块	道德素养	社会公德教育 诚信品质教育 文明习惯养成教育
	民族精神	爱国主义教育 传统美德教育 创新精神培养
	责任精神	责任意识和精神培养 责任能力培养 责任行为实践
	尊重态度	尊重意识培养 尊重行为实践
心理素质模块	心理素质	自信心培养 意志力培养 耐挫力培养
知识与能力模块	国际视野	国际知识教育 社交礼仪教育
	合作能力	合作精神培养 合作态度培养 合作能力培养
	信息能力	信息收集能力培养 信息筛选能力培养 信息运用能力培养
	交往能力	表达理解能力培养 英语运用能力培养 解决问题能力培养

其中,针对小学生的年龄特点和认知水平,分层次提出在不同学龄段实施国际理解教育的目标要求。具体而言,小学低段学生初步了解国际理解教育的内容和基本要

求主要为:了解简单的国际知识,铭记国际重大纪念日,初步了解中国传统文化,懂得基本的社交礼仪,初步掌握基本的英语会话能力和参与有关活动的基本交往能力,并在行为上有一定的体现。小学中段学生基本了解国际理解教育的内容和基本要求,即了解世界各国的风土人情,能够联系中国文化传统进行简单的比较,发展一定的英语会话能力,初步培养关心社会时事的习惯,积极参与有关活动,在行为上有较好的表现。小学高段学生能够比较深入地了解国际理解教育的内容和基本要求,关心国家和国际大事,养成收听、收看新闻的习惯,能够结合自身实际,对全世界共同关心的问题谈一些体会,能够比较流利地用英语进行日常会话,积极、主动地参与有关活动,在行为上有良好的体现。

二、小学国际理解教育课程内容与实施路径设计

小学国际理解教育课程是基于儿童经验的、创生取向的课程,主张教师和儿童共同建构、开发和实施课程。所以,与其说是教师"教"国际理解教育课程,不如说是儿童在教师的指导和帮助下主动参与国际理解教育活动、探究世界的多样性、体验多元文化的课程。

基于对学生国际理解素质的全面认识和对学生心理发展的认识,学校主要通过特设课程、主题活动与学科渗透三大途径来实施国际理解教育,旨在为学生提供多样化的学习经历和经验。特设课程、主题活动与学科渗透之间是相互配合、相互利用、相互促进的关系,从不同侧面,以不同方式,在不同情境下促进学生国际理解素养的发展,三者共同构成了国际理解教育实施的三大支柱。

(一)开发特设课程

特设课程是指教师有组织、自主地编写教材与教学建议,收集整理教学资源,将国际理解教育设置为学校校本课程,通过组织教师培训,明确课程价值、课程目标、课程

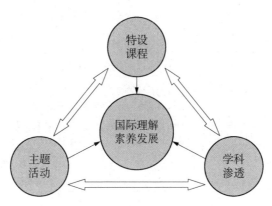

图 5-1 小学国际理解教育的实施途径示意图

要求进行具体实施。该课程旨在让学生初步了解国际知识,按照年级、学期、单元等要求划分课程内容,每个年级组根据不同年龄段学生的不同特点,设计相应的组织形式与教学方法,保证独立的课时。

表 5-2 《国际理解教育小学生读本》课程内容一览表

年级	册次	主题	内 容 概 略
一年级	第一册	我们的地球村	人类的家园——地球、我们生活在同一个地球村、尊重信仰、礼貌交往、世界日、国际重大节日
	第二册	我们的祖国	伟大的祖国、壮丽的祖国、文明古老的祖国
二年级	第三册	走向亚洲	走向亚洲、樱花之国——日本、同宗同族的韩国和朝鲜、印度河畔的文明古国——印度、我们的亚洲睦邻、东南亚风情
	第四册	走向欧洲	走向欧洲、国土最大的国家——俄罗斯、大西洋岛国——英国、"勇敢、自由"的民族——法兰西、欧洲的心脏——德国、西方神话的故乡——希腊、美丽的半岛国家——意大利、欧洲风情掠影
三年级	第五册	走向非洲 走向大洋洲	走向非洲、金字塔之国——埃及、黄金钻石之国——南非、呻吟的非洲、走向大洋洲、南方的大陆——澳大利亚、新的海中陆地——新西兰、大洋洲的群岛
	第六册	走向美洲 走向南极洲	走向美洲、移民的国家——美国、枫叶之国——加拿大、咖啡王国——巴西、失落的美洲古代文明、美洲风情巡览、走向南极洲

续表

年级	册次	主题	内 容 概 略
四年级	第七册	人类的共同财富（上）	人类相通的语言——音乐、表现生活的艺术——绘画、造型艺术的精华——雕塑、凝固的艺术——建筑
	第八册	人类的共同财富（下）	魅力无穷的肢体语言——舞蹈、灿烂的艺术形式——戏剧、精神财富的宝库——文学、科技与艺术的结晶——电影
五年级	第九册	世界与我们（上）	环境和我们、信息社会和我们、科技发展和我们、奥运会和我们、世界遗产和我们、世界博览会和我们
	第十册	世界与我们（下）	国际组织联合国、反对战争、维护和平、国际合作、携手反恐、反对毒品、珍爱生命、抗击艾滋、关爱患者、国际援助、共同发展

（二）开展主题活动

国际理解教育主题活动结合学生的学校经历和社会生活实际来开展，旨在让学生在主动参与和主动探究的过程中，比较全面地了解世界多元文化，树立全球观念。为了增加学生的自主探究与体验，主题活动以群体活动、小组活动、个人活动三种形式开展，活动类型分为四类：一是实践国际交往类，如一年一度的外语节、出国游学、夏令营等；二是弘扬民族精神类，如认识传统节日、学唱民族歌曲、学跳民族舞蹈等；三是提高综合素质类，如形象少年、感恩节、世界地球日等；四是关注社会时事类，如喜看"神舟"归来等。

自2002年起，国际理解教育主题活动吸引了教师、学生、家长的热情参与。值得一提的是"福山外国语"，它是全体福山人在春天举行的一场文化盛会，全校上下共享主题，全体福山人分享智慧，发挥学校的整体育人能力，展示每位学生的个性特长，真正形成了一门覆盖所有学生的"大课程"。

（三）进行学科渗透

学科渗透主要分为两个方面，一方面，教师根据各个学科的特点，梳理出适合国际知识拓展的教学点，并形成拓展性学习活页组织教学；另一方面，通过对国际理解教育的理念和价值研究,厘清其中蕴含的思想和观念,通过日常的学科教学予以贯彻实施。

表5-3 国际理解教育在小学各学科渗透的要点示例

学科	重点渗透内容
思想品德	道德素质培养、责任精神培养
语文	信息能力培养、合作能力培养 责任精神培养、民族精神培养
数学	信息能力培养、合作能力培养
英语	信息能力培养、合作能力培养、交际能力培养
音乐	合作能力培养、交际能力培养
美术	合作能力培养、创新意识培养、民族精神培养
科学常识	科技意识培养、信息能力培养 创新精神培养、环保意识培养
体育	合作能力培养、心理素质培养
信息技术	信息能力培养、交流能力培养、公德意识培养

（四）小结

通过课程全方位实施,从而激活思想,激发教师团队的创新力和教师个体的内驱力,促使不同专业发展阶段的教师在整个课程实施的过程中能够通过实践共同体,从旁观者、参与者到成熟实践的示范者,实现从非参与性身份到参与性身份的转变,从而逐渐投入学校国际理解教育的深层实践与构建。

三、小学国际理解教育课程评价与推进策略思考

（一）课程评价

开展课程评价对于提高教育质量、促进教师专业发展、保障学生学习效果、优化课

程设计以及推动教育教学改革等方面都具有重要价值。福山通过对国际理解教育课程评价原则、评价主体、评价方式等方面的细致考量以及对各类评价指标的系统设计，保证课程评价具有科学性、可操作性、全面性、导向性、可靠性。

1. 评价原则

一是阶段评价与日常评价相结合的原则。阶段评价包括学年、学期评价；日常评价包括所有日常生活、教育活动中的随机性观察、分析评估。

二是结果评价与过程评价相平衡的原则。即在评价过程中教师既要注重结果，同时也应关注过程，将两方面的信息综合起来作整体的分析与判断，避免单一化评价。对儿童的评价凸显动态评价的理念和方法，综合运用各种评价方式，但也可有侧重。依据不同的资料来源，综合整理和分析，形成对儿童发展的整体评价。

2. 评价主体与方式

小学国际理解教育课程的评价主体包括儿童与家长（课程受益者）、教师（课程实施者）和校长（课程领导者）以及其他参与或指导儿童活动的有关人士。具体评价方式包括观察记录、问卷调查、儿童访谈、儿童国际理解能力发展测试等。

3. 评价指标

国际理解教育课程评价指标着眼于学生成长的变化、教师专业发展的过程、课程实施情况的呈现。

（1）儿童国际理解能力发展指标

儿童国际理解能力发展指标主要表现为能够愉快地参加与国际理解教育相关的各类活动。在各类活动场合表现大方，理解他人的行为，学会协商。善于和同伴及国际友人进行交流与交往。用适当的方式表达自己对他人的关心，有同理心。有收集和了解周围主要文化景观和社会信息的兴趣和初步的能力。有初步的爱家乡、爱祖国的情感，学会欣赏与感受祖国文化的丰富性。有初步的多元文化意识，能了解不同地域、民族的风俗。大胆运用歌唱、舞蹈、演奏、绘画、制作、构造、戏剧表演、角色游戏等多种形式表达自己对多元文化的感受、体验、想象与创造。

(2) 教师国际理解教育课程实施情况评价指标

表 5-4 教师国际理解教育课程实施情况评价指标

	评价内容	评价等第 A	B	C
1	具有国际理解教育的课程意识,教学活动目标明确,注重培养儿童的国际理解能力和国际交往品质	意识强,目标明确	意识较强,目标较明确	意识不强,目标不明确
2	依据儿童的年龄特点,选择适宜的内容调动儿童活动的积极性、创造性	内容新颖有趣,儿童感兴趣	内容选择一般,儿童较感兴趣	内容陈旧,儿童不感兴趣
3	教学组织形式多样有序,层次清晰,满足全体儿童的需要,培养儿童对国际理解教育活动的兴趣	教学活动面向全体儿童	教学活动面向部分儿童	教学活动面向个别儿童
4	提供的材料丰富、有趣、有层次性,有可操作性	材料丰富有趣有可操作性	材料较丰富	材料单一、乏味
5	创造富有趣味性、情景性的教学环境,激发儿童的活动兴趣	环境体现趣味性、情景性	部分环境体现趣味性、情景性	环境没体现趣味性、情景性
6	教学过程中注重儿童国际交往经验的积累、丰富儿童的国际交往技能	儿童即时获得技能经验	儿童获得若干技能经验	儿童不能获得技能经验
7	关注儿童与环境材料、儿童与同伴之间的相互作用,及时地、积极地与儿童互动	关注互动	比较关注互动	不关注互动
8	对儿童的指导恰到好处,采用启发式的教学让儿童具有想象力	对儿童的指导恰到好处	能对儿童进行观察指导	对儿童的指导不够
9	能正确评价儿童的作品并及时给予鼓励,树立儿童的自信心	能正确评价	较正确评价	不能正确评价
10	善于运用现代化教学媒体培养儿童的国际理解学习兴趣,促进思维发展	有浓厚兴趣,思维活跃	有兴趣,思维较活跃	不感兴趣,思维不活跃

(3) 课程实施适宜性评价指标

课程实施适宜性评价指标主要体现在课程方案是否具有方向性和可行性,课程内容及实施是否建立在对儿童国际理解与交往能力发展的实际了解的基础上。课程的目标、内容、组织与实施方式以及环境能否向儿童提供有益的国际理解教育学习经验，有效地促进其发展。课程内容、实施方式、环境条件是否能调动起儿童参与国际理解与交往的积极性，有利于他们积极表现。课程内容、实施方式是否能兼顾群体需要和个性差异，使每个儿童都有进步和成功的体验。教师指导是否有利于儿童进一步表达与表现，有利于扩展、提升儿童的国际理解与交往经验。

在评价过程中，教师获得成长。通过设计评价指标进一步明确学生发展方向，依据评价指标结果结合日常学习情况的观察记录，教师能够深入了解学生的学习需求和特点，增强自己的观察力和分析能力，并不断思考如何更好地评估学生的学习成果，又进一步提高教师的评价能力和课程设计能力。总之，通过开展课程评价，教师能够实现更好地指导学生、提升自己的专业素养、改进教学方法和策略、促进学生的发展以及推动学校国际理解教育的不断进步。

（二）推进策略

1. 广纳资源，整体推进

学校注重加强教师对国际理解教育的深度理解，通过开展系列培训、专题讲座、内容研讨等多种方式，确保教师课程资源开发符合整体要求，同时也促进教师对国际理解教育实施的价值意义入脑入心，顺利入课堂。具体包括：第一，教师资源的舒展调适：与国外学校结成姐妹校、委派教师出国培训、举办国际性教育研讨活动、参与组建民间教研网络等形式；第二，专家资源的多元互补：广泛邀请专家讲学，特别是国际教育比较、课程教学等领域的学者为教师打开了新的视阈；第三，家长资源的补充完善：通过家校交流会、问卷、亲子作业设计等形式，让广大家长了解国际理解教育课程的意义、内容、做法，调动家长支持、关注、参与课程资源的开发与利用；第四，社区与社会资源的合力利用：学校密切与社会合作，建设了校外教育基地，并充分利用中华艺术宫、浦东图书馆等知名场馆资源；第五，领事馆资源的有效开发：与驻上海的各国领事馆建立密切合作关系,多次邀请各国领事馆人员等参加学校活动。

2. 文化先行,环境跟进

学校先行开展外语教学课程改革试验,自编校本教材,改进教学方法与学习方式,提高学生的语言应用水平,以英语学习增强文化理解。同时创设双语学习环境,用中英双语展示学校的宣传用语,每日用英语播报新闻,开设英文图书馆,开展各类英语阅读活动,等等。

3. 学习交流,互动发展

一是组织教师参加出国培训,开展课例研究、案例分析,通过实践提高教师实施课程的能力;二是为学生提供各种形式的体验活动,在实践中发展能力。三是组织丰富的校际交流展示活动,创设沪港联谊、中新交流等活动,为师生的发展提供更多机会。

第三节 迭代实践,开展基于人文探究的国际理解教育

新时代福山学校积极应对教育发展的新机遇和挑战,旨在实现教育的高质量发展。结合对文献的梳理与整合,我们对国际理解教育的实践做出了进一步探索,以新课程改革和国际理解教育的基本理念为指导,立足于人文探究和教学研究的视野,使其所蕴含的尊重"他者"、理解多元价值与文化、关注差异性与独特性、倡导关爱与探究、重视体验与感悟等普遍观念,逐步渗透到学校日常教育教学生活的各个方面,全面构建以人文探究为特征、具有"福山"文化特色的国际理解教育。

一、基于人文探究的国际理解教育实践路径

传承和发扬学校原有的外语教育与国际理解教育校本课程建设的特色经验,着眼

于提升与创新,通过实施"基于人文探究的国际理解教育",整体构建一门面向"福山"全体学生和教师、具有鲜明"福山"特色且充分体现"福山"学校教育哲学的"研究型课程",引领全体师生系统开展人文探究和教学研究,全面发展每一名学生、每一位教师的人文素养和人文精神,推动学校的品牌建设与辐射,丰富学校的文化内涵。

(一)培育具有人文精神与探究文化的国际型学习社区

进一步深化办学理念,优化管理机制,为师生发展创设良好的人文环境;确立"面向全体、发展个性,师生共同成长"的教育理念;构建基于理解与尊重、多元与开放、平等与民主等现代观念的课堂;培育基于自主与合作、体验与感悟、行动与反思的学校精神。以培养具有中国灵魂、国际视野的现代人为目标,面向全体、发展个性,师生共同成长,主张通过行动搭建每个人自己的思想体系。

(二)建设体现人文探究与人文精神的国际理解教育课程体系

优化整合已有的国际理解教育的特设课程、主题活动和学科渗透三种课程结构与实施模式,让课程的每一个方面、实施的每一个环节都渗透着人文探究与人文精神,让课程成为每一个学生自主的活动、探究与体验。分析已出版的《国际理解教育小学生读本》教材内容,探索与教学目标、教学内容相匹配的教学模式。

(三)实现课堂教学与国际理解教育的有机融合

通过教师参与课题研究、教师指导学生做研究、教师与学生合作研究学科和生活等方式,促使教师逐步认可、接受、理解、融合国际理解教育的普遍观念,促使教师主动意识到要将学生研究与课堂教学合二为一,让教学走向开放,让教学变成研究,让教学变成生活,让教学建基于倾听和对话。在充分了解我校国际理解教育理念的前提下,根据各学科特点进行基于国际理解教育理念的教学设计,以研究课的形式开展教学研究,努力使本学科的课堂教学呈现出基于国际理解教育理念的课堂学习氛围。具体而言,学科渗透贯彻了学科性、开放性、适切性等原则,注重知识拓展,关注学生体验,使课堂呈现出更多元、更开放的态势。实践中采取拓展学习材料、调整教学内容、开发多种资源等方式进行。

所有学科教师共同参与、积极实践,促使国际理解教育渗透到每一位教师的日常教学生活,形成讲究人文、乐于探究的校园文化。首批参与课题研究的教师充分发挥"种子"的作用,带动和引领更多的教师主动进行教学研究,稳步扩大教师参与课题研究的范围。教师全员参与、全面参与、全程参与课题研究,"教学研究"和"人文探究"初步成为全体教师的思维习惯和工作方式,形成具有"福山"特点的教师学习模式。在课题研究中,每一位教师找到并形成自己独特的教学风格,每一名学生初步拥有一定的人文素养和人文精神,"福山"真正变成国际理解教育和人文探究方面的特色学校。

（四）基于国际理解教育理念,开展以体验与探索为主要形式的主题活动研究

学生主题活动的策划充分考虑学生的年龄特点和能力基础,联系学生已有的生活经验和情感需要。活动中鼓励尽量多的学生参与,过程中重视学生体验,并激发学生持续探究的志向。重视学生公民意识、社会责任、探究习惯等方面的培养,充分体现跨学科、综合性活动的特点和优势。海外游学活动是我校特色项目,是福山学生学习知识、提高能力、发挥特长、感受文化的实践性活动。

二、主题探究活动方案设计及典型案例

学校组织教师对原有的"知识讲授型"教案修订成了"学生探究式"学案,覆盖5个年级,共计57个主题,并结集汇编成了《福山国际理解教育特设课程探究式主题方案集》。这些方案有主题、有目标、有内容、有指导、有建议、有评价,完整的探究式主题教学方案的研发过程是教师专业素养提升的过程,也是国际理解教育执教老师开展国际

理解教育探究活动的重要参考,为学生创造了更加丰富多样、多元开放的学习空间,促进了其创新实践能力的提升。

(一)主题探究活动方案的概念厘定

主题探究活动是基于学生的直接经验,以儿童的经验为核心,把课堂学习与学生的日常生活结合起来,着眼于"整体的儿童"而开发的整体连贯的课程。它的价值取向不是以学生获取知识为目标,而是以增加学生的人生经验、形成解决问题的能力为追求,这就自然成为学生素质形成与发展的必要途径,与学生的学科课程学习互相补充、相得益彰。

(二)主题探究活动方案的要素构成与设计思路

1. 活动主题

主题是某个活动的名字,要求高度概括活动的内容,能传递主题探究活动或项目的主要信息,又能激励学生行动。

主题探究活动的题目要醒目具体、准确,要求准确反映活动主题的内容、范围以及研究的深度,特别是关键词选用要准确、贴切,切忌模糊。如"和动物做朋友""羊羊游日本""探索新能源"这几个主题,主题题目能够非常清楚地反映研究内容、范围和方向。同时,主题探究活动有很多类型,主题表述要求能反映活动的基本类型。此外,主题探究活动的主题表述,要求直截了当地说明活动研究的问题,使读者看到主题就对活动研究的主要内容一目了然;要求在确定标题时要改变正常的语序,用短语形式来表达,如"去西班牙玩斗牛""欧洲文明之旅""如何面对灾难""关爱残疾人""体验建筑之美"等。在主题的表述这一环节,教师的指导作用主要体现在引导学生讨论、发现最恰当的主题表述方式。

2. 活动目标

将课程总目标细化成可操作的具体主题活动的目标,是有计划、有步骤地落实课程总目标的关键所在。而在活动主题确定以后,活动计划实施的各阶段、一次具体活动、不同类型的活动,在目标的制订上均有要求。

以"羊羊游日本"为例,总目标是:以《喜羊羊与灰太狼》中的五只小羊游历日本为线索,介绍小羊们在日本游览过程中的所作所为、所见所闻、所思所想,从而了解日本在衣、食、住、行等方面的民族特色。

分目标的表述包括知识目标、技能目标、思维习惯目标等。分目标是对主题活动总目标的分解与细化,在设计上更具体、更有针对性、更具操作性。

以"羊羊游日本"为例,知识目标:了解日本的服装——和服;了解日本的饮食——寿司;了解日本的卧室——榻榻米;了解日本的出行——新干线;了解日本的科技——机器人。技能目标:沟通技巧,即把收集到的相关资料进行展示和讲评;科技应用,即用互联网收集相关资料,并进行筛选;团队合作,即以小组合作的方法开展活动,组内成员都有明确的分工,各司其职。思维习惯目标:调动所有感官收集资料;能理解并持同理心态倾听,会灵活地思考。

3. 活动主体

主题活动的主体即承担活动实施任务的指导团队。许多主题活动的指导不是教师个体能够承担的,它需要教师根据主题活动的需要,组织成相应的教师指导小队,班主任、大队辅导员、综合学科教师、后勤保障人员、家长、社区人员等共同参与。明确指导人员,有利于活动的落实。

4. 实施过程

(1) 活动准备

活动准备指学生活动主题必要的资源准备。既包括活动所需的文本资源,如文献、档案、课外读物、视频等,也包括一些超文本式资源的准备,如学校现有场地资源利用、校外实践基地、社区、名胜古迹等开发,还包括人力资源的利用,学校内部教师以及校外热心参与活动人员的准备。

(2) 活动时长

在当前教学管理体制下,活动时长的设计需要重点考虑。在设计时既要有总长度(如几个月),又要有具体的课外活动时长、课内活动时长。这样的时长设计,便于学校的管理以及对活动进行整体的规划。

实施过程这个环节是活动设计的重点,可分阶段对活动过程进行设计,也可采用跳转的模块设计思路。在过程设计中,不仅要有学生主要的活动内容的设想,还应该有与之相对应的教师指导重点的设计。具体而言,在活动初期,包括领取活动任务、按照兴趣分组、讨论探究方向、收集各种信息、确定表现形式等设计重点;在活动中期,包括阅读交流信息、细化目标内容、根据目标筛选、作品角色分派、准备作品展示等设计重点;在活动后期,包括现场交流展示、教师适时点评、学生互动评议、活动过程回顾、反思收获不足等设计重点。

5. 表现形式

主题探究活动方案应设计好预期的成果形式及展示交流方式。成果展示与交流可采用学生的制作、绘画、文章展示以及口头演说、答辩、讨论会等形式。成果展示的方式是多种多样的,教师可以根据具体情况,给学生以建议,让学生创造与众不同的展示方式,在展示方式的设计过程中,培养学生的创新意识与创新能力。

表5-5 "羊羊游日本"活动表现形式

主 题	形 式
美羊羊(和服)	PPT讲解/手工制作
懒羊羊(寿司)	PPT讲解/现场品尝
慢羊羊(榻榻米)	剪报展示/现场体验

续表

主　题	形　式
喜羊羊（新干线）	视频演示/小品表演
沸羊羊（相扑）	视频演示/PPT 讲解/现场演示

6. 评价建议

评价是主题探究活动课程实施的重要组成部分，是实现主题探究活动目标的有效手段和保障，它贯穿于主题探究活动的全过程。主题活动方案的设计中也必须凸显活动的评价。这部分应该重点突出活动的评价方式。

通过测评表来考查学生作品的不同方面（包括过程、结果、态度、情感等）。评价人员可以是教师，也可以是家长和同学。另外，根据任务的差异，评价的形式可表现为撰写小课题报告、阶段小结、幻灯片、学生作品、创作的网页或其他内容。

主题探究活动中可以采用过程评价的方式，对活动的整个过程分阶段进行评价。教师定期把学生在前一个阶段的表现在小组活动中转达给学生，使学生更清楚地了解自己的状态，从而不断地进行自我调整和激励。另外，实践活动过程的评价结合实践成果的评价也更有利于全面地形成总结性评价结论。一方面，对各小组的实践活动进行总结，肯定学生的辛勤劳动，对有创新的小组，予以鼓励和奖励。另一方面，归纳学生实践的内容和方法，从新知识的构建和新技能的掌握两方面对达标度进行分析，促成学生对知识的迁移。具体评价方式可包括：课堂讨论、学生自己组织的项目小结与回顾、教师组织的项目小结与回顾、学生个人的评估、团体评估等。

三、"福山外语节"设计思路与典型案例

"福山外语节"是国际理解教育品牌传承与创新的课程载体之一，它的延续、丰富、创新不断推动了课程的发展与创新，展现了学校课程的发展力与生命力。我们不断优化"福山外语节"课程群的各项理念、目标和设计，提出"共享主题、分享智慧、展示个

性、提升素养"的课程目标,强调通过"全学科探究、跨学科融合、情景化体验、亲子式互动、创造性表现(表现包括表达与展现)"等方式推进外语节课程。将文化体验与人文探究,多维思维与多元表现,学科融合与深度学习相结合促进自主学习。"福山外语节"成为学校国际理解教育下关注学生在"了解、参与、创意、表现"四个维度的学习经历的品牌课程。了解指浸润学习、多维感知、欣赏提升;参与指团队协作、强调全员、关注个体;创意指拓展空间、深度思维、挖掘潜能;表现指独特思考、多样表达、个性展现。

在国际理解教育的核心理念下,每一年,学校精心策划选题,确定外语节课程目标。以2019年的外语节主题为例,教师们以新中国成立70周年为背景,以中国传统文化为内容载体,透过儿童视角中的文化传承与创新,让学生增强民族文化自信,关切人类命运。让学生在了解学习中感悟,在探究感悟中发挥创意,在分享展示中表现,体验文化、激荡心灵、滋养情怀。30多份学科方案计划安排,50多个跨学科走班课程方案,N个分学科教学设计,将近40多份总结稿件,更宝贵的是指导学习的进程,参与成长的历程,引领进步的过程等都凝聚了福山老师的激情、思考、智慧,让福山品牌课程向前迈进。

第四节 迭代实践,开展人类命运共同体视野下的国际理解教育

伴随着我国迈入奋力开创新时代教育高质量发展新局面的关键期,浦东步入全力打造社会主义现代化建设教育引领区的黄金期,福山教育也在完成三十余年的跨越式发展之后进入努力实现高质量发展新跨越的突破期。学校基于原有的英语学科特色发展优势,从2002年2月开始,连续20多年持续探索"小学国际理解教育的实践研

究"课题,以此实现高质量教育发展,并由此确立"我们从这里走向世界"的办学愿景,也产出了系列成果。在新时代背景下,我校以人类命运共同体视野下的小学国际理解教育为实践切入口,深化国际理解教育的再探索。

一、"人类命运共同体"视野下的国际理解教育新思考

(一)基于国际理解教育发展的时代背景

国际理解教育最初源于联合国教科文组织(UNESCO)在首届全体大会上确立的"为促进国际理解的教育"的构想。随后不久,联合国教科文组织将国际理解教育界定为:了解他人及他人的需求;消除国际误解;发展同情和其他福利;尊重联合国和国际关系等。

构建人类命运共同体的倡议由习近平主席在2013年首次提出。坚持推动构建人类命运共同体,是习近平新时代中国特色社会主义思想的重要组成部分。"人类命运共同体"思想强调人类只有一个地球,各国共处一个世界。人类命运共同体这一全球价值观包含相互依存的国际权力观、共同利益观、全球治理观和可持续发展观。这一思想体现了中国将自身发展与世界发展相统一的全球视野、世界胸怀和大国担当。

结合当前全球社会经济发展和变化的基本形势,站在中国立场,当前国际理解教育的目标可以定位为:不仅强调培养学生了解、理解和处理复杂世界的观念和能力,也强调在增强学生对本民族优秀文化认同感、自豪感的基础上,了解全球其他民族和国家的文化,增强跨文化素养,使其具有对不同文化更有包容性的态度,具有文化交流互鉴的能力;更强调学生具备积极参与人类社会面临的重大的全球性挑战问题的担当精神,以及协调处理好人类未来发展面临的问题和需要的规则意识、共生意识和价值观念,从而帮助学生树立人类命运共同体意识。

我们认为推进人类命运共同体视野下的国际理解教育,既要以实现中华民族伟大复兴的中国梦为使命,高度重视中华民族优秀传统文化教育,把家国情怀作为立德树人的逻辑起点,以中华民族优秀传统文化照亮福山少年的精神底色;也要以人类命运共同体构建为价值指向,让国际理解教育在人类命运共同体构建中发挥价值引领功能,着力培育全球胜任力,指引福山少年带着强大的文化自信、迈着从容而坚定的步伐"从这里走向世界",向世界讲好中国故事,让每一个福山少年拥有立足中国、融入世界的力量。

(二)基于基础教育课程改革的政策支持

2016年9月,《中国学生发展核心素养》发布,明确把"国际理解"作为中国学生全面发展必不可少的核心素养组成部分。同年7月,教育部印发《推进共建"一带一路"教育行动》,从教育使命、合作的愿景、原则、重点等方面提出了具体要求,为学校深入开展与实施国际理解教育提供了政策指南和行动依据。

2020年6月,《教育部等八部门关于加快和扩大新时代教育对外开放的意见》明确提出"在基础教育领域,将加强中小学国际理解教育,帮助学生树立人类命运共同体意识,培养德智体美劳全面发展且具有国际视野的新时代青少年"。

2022年4月,教育部颁布的《义务教育课程方案(2022年版)》在论述"有担当"的培养目标时也明确提出要培养学生"关心时事,热爱和平,尊重和理解文化的多样性,初步具有国际视野和人类命运共同体意识"。

我们确定当下的福山教育国际化,不再局限于走出中国、打开眼界以及"你来我往"之类的互访交流,而是立足于当今中国所处的历史发展阶段,深刻认识中国特色社会主义新时代赋予国际化的新内涵与新使命,站在构建人类命运共同体的高度,以实现中华民族伟大复兴的中国梦作为时代主题来深化国际理解教育,加强中国优秀传统文化教育,着力增强文化自信,引导学生学会关注人类福祉,初步具备讲好中国故事、传播中国声音的意识与能力,努力让每一个福山少年认识到"我们是实现中国梦的这一代人、我们是要做好经济大国公民的这一代人",不忘初心、牢记使命,让国家意识、民族情怀、文化自信成为福山少年站在世界舞台上的"根"和"魂"。

(三) 基于学校自身的现实条件与发展需要

福山的第四个十年的发展以"深化人类命运共同体下的国际理解教育、深耕新时代五育融合下的未来学校发展"为主题,以"我们从这里走向世界——走向更广阔的世界、理解更多元的世界、创造更美好的世界"为共同愿景,致力于把"让每个孩子享有开阔而适切的高质量教育"这一办学理念转化为卓越的办学实践,以人类命运共同体理念为引领,进一步丰富国际理解教育的思想内涵,升级构建一个含目标、内容、组织实施及评价的福山外国语小学国际理解教育校本课程系统,深度推进增强文化自信、孕育全球素养的国际理解教育实践,并赋予其鲜明的时代特色与福山特质。

我们正努力为每个学生创设更加多样的教育资源,探索更为多元的教育形式,营造更为开放的育人环境,实现"课内+课外""校内+校外""国内+国外""线下+线上"等多元优质教育资源的整合与应用,让每个学生置身于中华民族优秀传统文化的背景下树立与增强文化自信,置身于家庭—学校—社会协同共育的环境下促进与实现个人成长,置身于人类命运共同体视域下关注与思考全球真实存在的共同问题,初步具备开阔的眼界、开阔的思维与开阔的胸怀,拥有梦想、心怀天下,更好地认识世界、理解世界、融入世界、创造世界。

二、"人类命运共同体"视野下的国际理解教育新实践

福山继续坚持本土化的国际理解教育实践探索,在高质量落实国家课程方案与课程标准的前提下,指向确立的国际理解教育新内涵,重构课程框架与内容体系,更新迭代与研发配套的课程资源,优化课程实施策略与方式。

(一)人类命运共同体视野下小学国际理解教育课程重构突破点

1. 重构国际理解教育课程体系,加强课程内容的"结构化"

立足新内涵,结合学校的龙头课题"大概念视野下单元整体教学的实践研究",用"结构化"的理念重组课程内容,对学校原有的国际理解教育校本特设课程内容及主题活动内容进行删减、迭代、更新,遴选重要观念、主题内容和基础知识,整体设计课程内容,优化内容组织形式,加强课程内容与儿童学习经验、社会生活的密切联系,增强内容与育人目标的联系,充分体现国际理解教育的发展性与时代性。

学校以"人类命运共同体"和"一带一路"等主题为视点,从"更广阔的世界、更多元的世界、更美好的世界"三大模块出发,以学科"大概念"为参照,整合优化既有的国际教育课程内容,形成包含"大美中华、大千世界、世界文明、多元文化、未来选择、美好家园"六大主题在内的课程内容框架及相应的目标设计。

表5—6 国际理解教育课程内容框架设计思考

模块	大概念	模块目标	主题	主题目标
更广阔的世界（地理区域）	未来公民与全球视野	在了解世界地理风貌的基础上,培养学生超越狭隘的地理和地域认知视野,以整体的、开放的、全球的视野看待世界,使其具有全球意识与开放心态	大美中华	了解中国地理风貌,培养本土情怀
			大千世界	打开学生国际视野,形成开放心态
更多元的世界（文化多样性）	文化多样性与身份认同	在增进学生对本民族优秀文化的自豪感和认同感的基础上,了解全球其他民族和国家的文化,增强跨文化素养,使其具有对不同文化秉持包容性的态度,具有文化交流互鉴的能力	世界文明	了解世界主要文明国家历史及世界文明进程
			多元文化	中华优秀传统文化认同与理解;了解全球其他民族和国家的文化,增强跨文化素养

续表

模块	大概念	模块目标	主题	主题目标
更美好的世界（全球性议题）	相互依存与人类命运共同体	培养学生了解、理解和处理复杂世界问题的观念和能力，积极参与人类社会面临的重大的全球性挑战问题的担当精神，以及协调处理好人类未来发展面临问题和需要的规则意识、共生意识和价值观念，使其树立人类命运共同体意识	未来选择	积极参与全球性议题，培养其理解和处理复杂世界的意识和能力及担当精神
			美好家园	国际组织及全球治理，特别是中国在人类未来美好生活的贡献，帮助学生树立人类命运共同体意识

2. 促进学科内容整合融合综合，促进课堂教学的"生态化"

通过教师参与国际理解教育、教师指导学生开展人文探究、教师与学生合作研究学科与生活等多种方式，进一步促使教师认可、接受、理解、融合国际理解教育的普遍观念，促使教师主动意识到国际范围内课堂教学的前沿理念，要将学生研究、学科研究、国际理解与课堂教学相互融合，让教学变成研究，让教学变成生活，让教学建基于倾听、对话、尊重、理解。学校注重从宏观角度营造教育"大生态"的同时，切实从微观角度优化课堂教学"小生态"，加强校内各工作条线与学科教学、国际理解教育之间的融合，建构整体关联的思维方式，创设和谐共生的课堂教学机制，让课堂成为"有机生态圈"，全面优化学校的育人生态。

把握课堂教学是实施国际理解教育的主渠道这一原则，按照价值性、整体性、多元性、开放性、丰富性等目标，将国际理解素养的内容纳入高质量实施国家课程的实践创造，在学科教学中渗透国际理解教育理念，推动改变传统教学的封闭与狭隘，以尊重、理解、多元、价值等核心理念为立意，通过课程整合、课程综合、课程融合等多样化路径，让课堂教学成为育人的真实载体。以学生素养进阶为目标，打破学科界限壁垒，融通学科知识，贯通学科知识与价值观、思维力和创造力的联系通道，建立学生核心素养与学科融合的教学实施方案；将跨文化学习、国际理解学习、国家认同和全球责任意识教育与教学有机融合。同时，在国际理解教育特设课程和学科内容整合的基础上，进一步优化福山特色的国际理解教育课程实施模式，开展由"短程小课题"和"长程小课题"构成的多种项目化学习、人文探究式学习等，更好地实现让国际理解教育课程成为每一个学生自主的活动、探究与体验的发展目标。

3. 创设立体多元学习时间空间，增进学习生活的"多样化"

改变以往仅仅以学校为学习场域的传统学习生活样态，把学习场域扩展到课堂、校园、社区、全国乃至世界的舞台，通过项目化学习、探究式学习等多元学习方式，实现多元优质教育资源的整合与应用。也就是，除了传统的课堂学习和校园活动，访学、游学、互学、研学等都是学习生活的重要组成部分，基于国际交往基础的相互了解、相互宽容、相互合作，成为学生学习生活的主旋律。以国际理解素养、全球胜任力为指向的学习生活，不仅包括传统的对知识、语言、技能的学习，更重要的是对文化、修养、个性的感悟和锻炼，全方位助力提高学生学习生活的品位和质量。

每学期开展主题实践活动，对接人类命运共同体理念下国际理解教育的培养目标，强调五育融合，强调综合性，强调理解多元的世界、融入广阔的世界，包括虚拟的世界、过去的世界、书本的世界、真实的世界、未来的世界、理想的世界，等等，开阔学生的活动视野，让他们参与更多的活动，让他们有更丰富的参与体验，建构知识体系，增强文化自信，涵育全球素养。

（二）人类命运共同体视野下小学国际理解教育课程重构实施任务

1. 修订并优化《福山外国语小学国际理解教育课程实施方案》

根据本项目的研究目标与内容，学校重新审视新时代国际理解教育的课程内涵与课程背景，对课程目标（包括总体目标与学段目标）、课程内容、课程实施、课程评价、课程管理等各要素进行全面修订，形成一份融合人类命运共同体理念、指向学生发展核心素养的新版《福山外国语小学国际理解教育课程实施方案》。

2. 迭代并更新《国际理解教育小学生读本》

学校组织编写的《国际理解教育小学生读本》(学生用书)于 2006 年正式出版,至今已过去十余年,为此需要根据时代发展背景,针对小学生的年龄特征、认知水平和经验基础,从课程内容结构化的视角,对原有一至五年级、共 10 册的读本主题或内容进行删减、迭代、更新,遴选重要观念、主题内容和基础知识,整体设计课程内容,优化内容组织形式,构建新的内容与资源体系。

3. 优化并扩充国际理解教育课程主题学习方案

我校以系列读本为基本素材,先后共完成了 5 个年级、57 个主题的探究活动方案设计。接下来,我校将组织教师对整个主题活动进行分阶段预设,明确并优化每一个主题活动目标及各阶段学生活动的主要内容及方式、教师的指导重点、实施的要点、评价的建议以及配套的资源等,并根据不同主题的特点与实施要求,精选部分主题深入开展项目化学习,进一步扩展、丰富主题教学方案。

4. 打磨并积累典型的国际理解教育课程实施课例

根据新修订的课程实施方案及课程内容体系,从小学低段、中段、高段分别精选出有代表性的教学设计方案,通过开展课例研究的方式,在团队教研中一步步打磨出典型的实施课例。

5. 建设并延展国际理解教育学习场域

进一步建设好国际理解教育专用教室,系统重构学生可及、可感、可见的育人要素(教师、学与教方式、环境与空间等),打造具有立体型、层次感的学习空间,让整个校园乃至广阔世界都真正成为学生学习的现场,让学习随处发生,也方便发生。

第 6 章

凝结成长：彰显教师专业发展生命力

在内涵式发展背景下,建设一支高水平的教师队伍是学校学科发展的重要目标。作为教学和科研的主体,每一位教师都面临着知识结构拓宽、教育理念更新、科研水平提升等诸多方面的挑战,教师的专业发展尤为重要和迫切。学校一如既往贯彻落实师德师风建设,并在分析学校发展现状与挑战以及教师发展需求的基础上形成了内外统一的三级规划,为学校以及每位成员的发展提供了方向引领;同时学校切实关注教师需求,融合办学理念与教师个体发展愿景,通过团队导向的实践以及专业发展文化的营造,激发了教师专业成长的内在动力;坚持开展项目引领的校本研修,跨越传统学科边界,以教学实践问题为中心,构建教师学习共同体,促进教师之间的协同合作,形成了教师团队发展的特色路径;开发特色课程与项目并提供多元展示平台,增强了教师的专业成长硬实力,比如艺术课程的构建贯彻创新、实践和跨学科的理念,再如国际理解教育的深入研究拓宽了学生的国际视野,培养了他们的全球竞争力,最后多元展示交流平台的搭建为评估教师专业发展成效提供了质量保障机制,同时也进一步提升了教师的教科研水平。

综合而言,学校全面建立了教师专业发展资源支持和协调机制,更新了教师观念,多维度提升了教师水平与办学质量,实现了学校发展与教师发展的共赢、教师成长与学生成长的共赢、学校办学与兄弟学校办学的共赢,以及校际交流、国际合作促进共同进步的良性发展模式。

第一节　建章立制，教师成长添动能

学校教师队伍建设是一个系统工程，学校必须在顶层设计时就能从理念和行动上全方位支撑学校不同教师群体的专业发展取向，思考如何为他们的专业成长增添动能。

一、观念更新，引导教师做自己专业发展的主人

（一）帮助教师建立积极清醒的专业发展观

面对选择性的师资培养活动，注意自我规划，善于自我决策的教师便会脱颖而出。教师对自我需求的理解可能会表层，也可能会深刻；教师对自我发展的决策可能会积极，也可能会淡薄。这就需要筹划学校师资培养工作的管理者对教师进行必要的生涯指导，帮助教师建立起积极而清醒的"专业发展观"，提高他们的自我决策能力。生涯指导是帮助教师明确职业目标、规划个人发展路径的关键环节，它不仅仅是提供一些建议，更是一种个性化的支持，从而促使教师更加积极地参与自我规划和决策。学校在明确办学理念，了解教师的职业目标、兴趣爱好、个人价值观的基础上，针对双方发展遇到的问题实施三级规划，引导教师深入思考自身在教育事业中的位置和责任，培养他们对专业发展的深刻理解，激发其内在动力，从而帮助他们建立起积极的专业发展观，为其发展提供明确抓手。

（二）秉承"自我更新"取向的教师专业发展理念

学校始终把教师视为自身专业发展的主人，倡导教师切实为自身的专业发展负

责,做好自身专业管理,把握机会进行自主学习,扎实推进个人全面发展。同时,学校深入挖掘学校文化的形成机制并将教师对学校办学理念和文化的深刻认知与其幸福感联系起来,通过一系列的实践活动、管理政策、团队协作等措施共同构建教师个体和团队的良性互动关系,增强教师对学校的认同感和归属感,提高教师在学校的工作积极性和责任心。

以上举措在很大程度上激发了教师自主发展的意识,激活了教师自主发展的动力,让教师深刻认识到自身的主动性在专业发展中的重要作用,也让教师感受到在学校任职的幸福感。最为直观的是,福山的每一位教师对学校办学理念和办学文化不断深化认知,并全力投入学校发展进程中,共同创造学校的文化。此外,学校持续深入思考教师在学校中产生幸福感的原因。是因为他们感受到了专业发展的支持?还是因为学校创造了一个积极向上、合作共赢的文化氛围?……对这些因素的深入挖掘可以为学校提供更具体、可操作的改进方向。

总体而言,学校和教师之间的互动关系是一个复杂而多层次的系统。通过更深入的思考和探讨,可以使这种关系更加有机、持续地促进教师的自主发展,从而达到提升整个学校教育水平的目标。

二、专业引领,引导教师在课题研究中成事成人

"十三五"期间,我校积极发挥课题引领的作用,鼓励教师积极申报市、区两级课题项目,学校相继有 8 项市级课题项目、11 项市教科院基地课题、2 项市级基金会课题、11 项区级研究课题(其中一项为区级重点课题)申报成功,各类课题项目共计有 32 项。伴随着研究的推进,先后有 100 多篇论文得到发表、获奖。

(一)课题研究促使教师转变教育教学理念

在开展课题研究过程中,教师的教育教学理论不断得到更新和应用。教师通过理

论指导教育教学实践,可以找出规律性的育人方法,掌握人的成长发育规律。在实践过程中会遇到许多问题,教师们可以在汲取前人经验的基础上互相探讨,在这个过程中,教师的学生观从最初的只重视教学技能转变为重视学生综合素质的提高,从重视教学知识点的传授转变为重视学生人格的发展,教学方式也在不断地调整和改变,以支撑学生观的落地。

(二)课题研究促进教师教学技能的锻炼和提升

团队共拟教学方案,指导教师实践尝试。在教师掌握了教育教学思想,形成新的教育教学理念的基础上,课题组将会发挥团队的力量,就某种教育教学内容或教学过程中出现的现象,在共同探讨的基础上,引领教师拟订出教学方案,并指导教师将其用于教学实践尝试,以验证教学方案的可行性和有效性。同时,将课堂教学行动与拟订方案进行比较,寻找出实践与教学理论的差距,再进一步修订方案、改进教学方法和教学行为。在循环往复的"学习—实践—反思"中,教师的教学技能得到提升和锻炼。

(三)课题研究促进教师对教育教学理论的不断学习和知识结构的更新

课题研究中,教师除了广泛阅读现代教育教学理论外,还必须积累和整理包括研究总结、论文报告、教学设计、课件、教学案例和反思等研究资料。通过参与课题研究,教师的专业化水平得到进一步提升,教学研究水平、教育科研能力不断提高。

"十三五"期间,福山的见习教师在新区课堂考评课中获优秀 55 人次,青年教师在市区教学竞赛中获奖 33 人次,新增新区学科带头人和骨干教师 10 人,教学新秀 5 人,参加名师基地培训 8 人。教师研究课题包括市级课题 8 项、市教科院基地课题 11 项、市级基金会课题 11 项和区级研究课题 11 项。各类学术类获奖超 100 人次,主持开设各类教师教育课程和讲座 50 人次,参与各级各类交流展示分享超 160 人次。

三、平台搭建，引导教师在同侪碰撞中生发智慧

（一）以赛促学，坚持选拔与培养相结合

学校一贯秉持"育人为本"的办学理念，深刻理解选拔与培养的密切关系，并通过一系列创新性的教育赛事，将选拔与培养紧密结合，形成了全方位、多层次的人才培养体系。这一体系不仅仅强调发现和提拔优秀的教育工作者，更注重为其提供系统性、全面性的培训和发展机会。在实施选拔与培养相结合的策略中，学校举办系列化的教育赛事，旨在从教师身上挖掘潜力、发现亮点。这种有计划的选拔机制不仅为个体教师提供了展示才华的平台，也使学校能够更全面地了解教师的实际水平和潜力。同时，学校紧密结合教育赛事的选拔结果，制订有针对性的培养计划，确保每位脱颖而出的教师都能够得到个性化、全方位的培训。学校鼓励教师以教学比赛为契机，将比赛视为学习和成长的过程。这种理念的贯彻不仅激发了教师的参与激情，更促使他们在比赛中不断反思、创新，从而进一步提升自身的教学水平。教育赛事不再仅仅是一场比拼，更是一个教学进步的机会，为教师提供了实践、尝试新教学方法的平台。在各类教学专业比赛中，我校教师表现突出，"十三五"期间，获奖人次接近 100 次，不仅在上海市中小学中青年教师教学比赛、班主任基本功系列竞赛等大型比赛中屡获殊荣，而且在区级教学设计比赛、新苗杯比赛等层次的比赛中也取得显著成绩。特别值得一提的是，学校注重对见习教师的培养，通过参加见习教师基本功大赛，见习教师们的进步显著，成功实现了高质、高效、高起点、高标准的目标。

学校一如既往坚持以"发现—培养—追踪"为路径，对在见习教师基本功大赛中脱颖而出的优秀教师跟踪培养，推荐其优先进入与高校合作开展的培优项目，开阔教育视野、强化学科认知。首先，纳入区"优师计划"，依托"青年新秀"项目、"名师基地"、"学科工作坊"等培训平台，提升优秀见习教师的教育教学实践与研究能力，使其在专

业知识、专业实践上持续成长,以储备未来骨干师资力量;其次,进一步整合资源,保障市、区青年教师教学比赛项目,发挥青年教师教学比赛在提高教师队伍素质中的引领示范作用;最后,进一步将教育科研室的工作下移,依托学科教研组的力量搭建平台,鼓励教师结合日常教学开展教育教学研究,在这个过程中有的教师成为学科骨干,引领学科发展,有的教师成为教学新秀,成为福山可持续发展的重要力量。

入职一年的张梦老师感慨于福山丰富的教师发展平台成为自己专业成长路上的"助推器"。这一年里,她参加了学校的责任杯教学比赛、见习教师的考评课,区里的推优课,上海儿童文学阅读课教学大赛,从校级到市级,从线下班级授课到线上直播上课,通过学校专业发展的平台以及师徒带教、专家指导,让她在不断实践中提升教学水平,在一次次的历练中成就更好的自己。

综上所述,学校通过选拔与培养相结合的教育赛事,不仅有效发现和培养了一大批优秀教育工作者,也为整个师资队伍的提升创造了有利的平台。这种以赛促培的理念,为学校的教育事业注入了新的活力和动力。

(二) 交流分享,促进校本研修优秀成果转化推广

学校积极构建以问题解决为中心、以团队合作为基础、"学思研悟行"合一的研修活动模式,搭建区、校交流分享平台,推广教师专业发展学校教师研修的优秀经验,固化校本研修优秀成果。学校为发挥优秀教师的辐射作用,积极搭建平台以实现交流。例如,学校连续举办了三十多年、每次历时近三个月的"责任杯"教学活动,涵盖所有学科的教师,面对青年教师、经验型教师和骨干教师,设计了不同的活动形式,风格多样,如本体知识培训、教学评比活动、课堂教学案例撰写和主题经验分享等。学校会把更多精力聚焦在如何改进"责任杯"实施过程中出现的"问题"上:学校如何合理设计活动,提升参与度、合作交流度,促进各类、各层面的教师有适切的发展?各学科组如何

通过更行之有效的形式,提炼学科教学亮点,打造品牌特色?各备课组如何关注落实细节,扎实做好单元整体教学设计?各位教师如何更好地研究、实践,提高每堂课的课堂效率……问题需要关注,关注就可能改变,在对一个个"问题"的剖析中,每一位教师都将随着"责任杯"的一路走来共同提高、共同成长。对教师而言,"责任杯"是专业学习的精彩盛宴,既能启迪教师在参与中学习反思,也能拓宽教师的实践视角。

学校积极投身于教育事业的广泛合作与交流中,除了在区内举办教学展示和研讨活动,促进课堂教学变革外,学校还肩负起更广泛的社会责任。在区域内,与兄弟学校建立了结对支教的紧密合作关系,通过这种方式,旨在为这些学校提供更全面、更深入的教育支持,分享先进的教学理念和方法,助力他们提升教育水平。此外,学校还远赴区外,积极参与各级教育合作项目,选拔骨干教师前往藏区,开展"送教进藏"的支教工作;学校还与外省市小学展开结对支教项目,承担外省市教师参加的培训活动,通过互动交流,促进不同地域之间的教育资源共享与互通,这不仅是对其他学校的有力支持,也为本校教师创造了锤炼教学技能的宝贵机会。学校不仅在国内开展广泛的教育合作,还在国际范围内展示开放的教育理念;学校为教师提供了一个个学术交流平台,这有助于加深教师对国际教育理念的理解,促使自身的教育理念不断创新和升华。

总体而言,学校通过区内外的多层次、多领域的教育合作,展现了自身在推动教育发展、促进社会进步方面的积极作用。这种全方位的合作不仅为学校自身提供了发展动力,为教师的专业发展提供了多样化途径,也为区域内外的教育体系建设贡献了力量。

四、整合资源,引导教师在国际对话中拓宽视野

学校不局限于本土范围,而是积极融入国际教育对话的大舞台,意识到跨文化交流和合作对于教育的丰富性的作用与深远影响。因此,学校开展国际对话,整合各类资源,积极构建更加开放、更加多元、更高品质的高校、社会组织等多方参与的教师专

业发展"立交桥",形成多元化的伙伴机制。这一举措旨在拓宽教育视野,引入不同国家和地区的教育理念、创新模式,以促进更广泛的思想碰撞和资源共享。

学校积极欢迎国外师生来校学习交流,建立友好互动关系,在互动交流中,不断扩大国际影响力,同时借鉴优秀经验,整体提升办学质量。"十三五"期间,学校先后与日本、英国、美国、匈牙利、芬兰、新加坡、加拿大、瑞典等国家开展将近30次交流互动活动。同时,学校也鼓励教师走出去,进行经验分享,开阔国际视野。数学教师团队连续7年参加中英数学教师交流项目,学校不仅接待来校培训的英国教师,更是让教师走出去传播中国教育故事。"中英数学教师交流项目"对于中英双方的教师来说,都是相互学习、取长补短、共同提高的过程。对于每一位经历过该项目的中国教师来说,数周的备课和教学,不仅加深了他们对教学内容的思考和设计,也提高了他们对不同课堂的把握能力。此外,学校与瑞典的学校开展了数学学科教研交流活动,设立了中瑞教育学术日活动,双方签署友好学校合作备忘录,为深化教育交流合作奠定了基础。学校还积极参加区级组织的芬兰教育研修团活动,认真学习和总结芬兰教育的智慧所在,不断推进学校教育教学变革和课堂教学转型,提升教育教学品质。

五、制度支撑,引导教师在职称晋升中抢占先机

根据浦东教育"十四五"规划和区委、区政府《关于全面深化新时代教师队伍建设改革的实施办法》的目标指向,在注重队伍内涵普遍发展的基础上,学校关注教师队伍结构优化,着力提高骨干教师、学科带头人等优秀教师、高级职称教师比例,提升教师学历水平,增加特级教师、正高级教师数量。

学校现有在编教师204人,从2018年学校独立建制至今,高级教师人数从原来的11人增加到19人,增加特级教师1人、正高级教师1人,现有高级教师19人、中级教师85人、区级学科带头人4人、区骨干教师18人、区教学新秀4人、区名师基地成员8人、学校骨干教师和教学新秀31人。

学校制定了包括教学能力、科研水平、专业引领等方面清晰的晋升标准,为教师提供明确的发展路径,同时保证评定的公正性和客观性。三级方案的制定考量了学校发展理念与教师的兴趣、专业方向和个人目标,为教师专业发展提供了个性化的职业发展规划。同时,建立多层次的职业晋升体系,不同级别的教师参与不同项目,具有明确的职业发展通道,并为不同层次的晋升设置相应的条件和培训计划。如学校推出《高级教师增长计划》鼓励教师参加学历进修,提升个人学历水平,支持教师进行职称晋升与参评骨干教师等荣誉。这在很大程度上提升了教师参与学校变革的深度,也提升了教师的幸福指数。学校坚持为教师提供丰富的培训和学习机会,建立多元化的培训渠道,每学期学校聚焦研修主题,组织专家报告、专题讲座等,如"一堂好课的思维格局""打开课堂教学的黑匣子"等,以此帮助教师打开格局,激发专业自觉,更新教育观念,丰富专业储备;鼓励教师参与科研项目、发表论文、申请科研项目和创新活动,这在提高学校的学术研究水平的同时也为教师个人的职业发展提供了支持;建立导师制度,为新教师配备有经验的导师,帮助他们更好地融入学校环境,了解教学和科研的要求,推动其专业发展;出台合理科学的评价机制与激励政策,学校针对不同类型的活动,设计并完善评价方案,一是依托专业系统培训和多样展示平台的过程性评价,二是借助绩效考核奖励和荣誉称号激励的表现性评价,三是指向专业发展规划和职业发展进阶的发展性评价,通过实施多元的评价激励方案,达到记录教师成长历程、激发教师发展潜力、彰显教师良好风貌、提升教师幸福指数的目的。

第二节 共行致远,师生成长结硕果

学校发展经历时间、内容、内涵等方面从量变到质变的过程,逐步拓展、不断细化、长期积累、广泛辐射,是一个充满挑战的过程。如何推进"双减"工作的全面深化?如何奋进教育改革,推进实施立德树人的根本任务?如何深化课改实施、推动教师发展、建立卓越质量?进一步落实新理念,实施新行动是学校接下来的关注要点。在这一背景下,学校确立了"深化课改实施,提升育人生态;激发教师活力,推动高效实施;建立卓越质量,实现立德树人"三项发展目标。首先,要深研课改,践行课标理念,探索方式创新,塑造育人生态;其次,坚持团队文化引领与个体价值驱动,做强教师发展,即创建实践共同体,建立积极向上的团队文化,通过团队培训、教育研讨会等形式,激发教师的学术热情和创新能力;最后,关注实施过程,聚焦品质提高,制定卓越质量的具体指标和评价体系,以确保卓越质量的可持续提升。

一、研读政策,擘画福山课改新蓝图

深化课程改革是教育领域持续发展的关键一环。通过对课程结构、内容和教学方法的全面优化,我们可以更好地适应时代的发展趋势,满足学生全面发展的需求。

在课程结构方面,学校考虑更加贴近实际需要的课程设置,强调跨学科的融合和实际问题解决能力的培养,使学生在学习学科基础知识和基本技能的同时,具备更广泛的实践创新和批判性思维能力。教学方法的创新是深化课程改革的重要手段。学校引入现代科技手段,例如在线学习、虚拟实验室等,拓展学生的学习方式,提高学生的信息获取和处理能力。强调项目化学习和团队协作,培养学生的创新能力和解决实际问题的能力。在教育评价方面,学校与课程改革同步进行调整。采用多元化的评价方式,包括考试、实践项目、综合评价等,更全面地了解学生的学习成果和能力发展。注重发展学生的自主学习能力,培养他们对知识的主动获取和应用能力。此外,学校为深化课程改革提供了教育管理层面的支持和推动力,建立了灵活的管理机制,促进学科交叉和教学资源共享,为教师提供专业发展机会,使其具备更好的教学能力和创新精神。

总体而言,课程改革的深化不仅仅是对课程内容和结构的调整,更是一场对教育理念和教学方法的全面升级。通过不断创新,我们培养了具有创新思维、实践能力和综合素质的未来人才,从而使教育体系更好地适应社会的发展需求。

(一)研制课程规划,提炼学科课程

校长室引领,课程教学部负责,课程研发部协助,带领各学科教师研读《义务教育课程方案和课程标准(2022年版)》,深化完善学校课程规划。学校结合各学科建设基础,提炼各学科、德育课程特色,厘清各学科、德育课程建设路径,构建"1+X"学科课程、"福山形象少年"德育课程,即基于学科课程,拓展学科活动、跨学科学习,形成各学科的课程设置和福山课程发展图谱,为学科课程、德育课程新实践奠基。

(二)深化项目研究,推动学习升级

课程教学部、课程研发部、教育科研部合力推进学科课程标准的实践落地,提质增效。立足学科单元,基于市级课题、项目化种子实验校项目,持续深化开展大观念、真问题、大任务、真情境的深度学习,各学科形成学科研究报告、数个典型案例,展示课堂实践样态,体现突破,促进学习方式升级,实现课堂提质。

(三)研究作业设计,实现减负增效

孩子只有在孩提时代就体验到幸福的学习生活,将来才能成为一个正直、乐观、向上的健康人。最好的减负是提高承受负担的能力。对一个人来说,能够承担别人没法承担的责任是自身的核心竞争力;对一个国家来说,我们的孩子能够承担别人无法承担的责任是国家的核心竞争力。

在减负增效背景下,课程教学部积极推动各学科组开展作业研究。作业研究就是要抓住作业设计,遵循单元是作业设计的基本单位,通过设计提升学生的作业兴趣,使学生想做、乐做,使作业成为学生自主学习的过程。基于作业实施中的问题,优化作业管理机制,通过作业交流活动、优秀作业展示、作业设计故事论坛交流,不断提升作业实施成效,初步形成有特色的作业管理机制,提炼出有成效的作业改革经验。

(四) 开展评价研究,促进学习发展

持续深化"福山形象少年"的"1+N"评价研究,各学科持续开展基于单元促进学习的过程性评价、表现性评价实践研究。推进学校综合评价框架设计,从培养目标出发,指向素养、课程两个维度,梳理提炼出学校已有评价实践,持续推进研究并开展实践。

(五) 深入课后服务,改善育人生态

教育行业中很多问题的根源在于社会,但教育系统需要承担起引领社会变革的责任。减轻学生过重的课业负担,不是要弱化学校教育,而是要强化学校教育,让学校教育更加专业、更加科学。要实现个性化发展,就要促进教育多样化、课程选择多样化,课后服务是学校高质量办学的一个新的增长点,优化课程,提升课后服务课程生态,积极赋能以激发学生个性发展活力和学习动力。

二、团队打造,激活教师发展内驱力

提升专业力,增强行动力,强化学习力。一所学校要发展,一定要有一群好老师,老师首先要自己努力成为名师,然后去培养名师。

"教师发展重激活"是指教师在专业发展过程中需要重视激活自身的学习动力和创新能力。教师是学习的引领者,因此教师需要保持对知识的渴望。学校提倡的"教师发展重激活"强调激发教师内在的学习动力,使其不仅仅是知识的传递者,更要成为不断学习和适应新知识的学习者;注重教师自主学习,教育领域在不断变化,新的教学方法、技术和理念层出不穷,教师应该具备自主学习的能力,积极探索和学习新的教育理念和方法,以提高自身的专业水平;培养教师的创新能力,在不断变化的教育环境

中,创新是适应和引领发展的关键,教师需要有能力创造性地运用新的教学方法和技术,以更好地满足学生的学习需求;激活教师的学习动力,学校倡导团队合作,建立学习社区,基于教师的问题与需求提供发展支架,激发教师的学习兴趣;倡导个性学习,提供个性化发展机会,每位教师的需求和兴趣可能都不同,因此提供多样化的专业发展途径和资源以满足不同教师的需求至关重要;促进反思和自我评估,引导教师不断地审视自己的教学实践,从中吸取经验教训,以便在未来的教学中不断提高。

总的来说,学校强调教师专业发展的主动性、创新性和个性化,通过激发教师的学习兴趣和动力,帮助教师更好地适应快速变化的教育环境,以提高教育质量和效果。

(一) 培育高成长核心团队

学校注重分层分类培养,分层为了解决全面发展,分类为了解决个性发展。实施多元培训,以梯队建设为基础,依托各类平台,如福山讲堂、项目负责等,抓实管理团队培养,打造高成长核心团队,实施青年干部后备培养轮岗制,包括行政岗、项目岗,提升团队引领力、执行力、发展力。在学校中推进不同实践共同体的打造,推进不同专业发展阶段教师的学习,推进不同专业发展阶段教师之间的联通,立足学校变革实践打造教师队伍整体发展,切实提升办学质量。

我校正高级教师陈秦如是说:"教师,代表着教育的希望,是筑就未来新一代人的建造师。当毕业后的男孩女孩们走进学校,走上讲台的那一刻,他们的肩膀上就已经沉甸甸了。而我们需要做的,就是将这份沉甸甸一一分解,慢慢理顺,层层叠加,帮着他们托起责任,辅助他们逐步站稳讲台。在学校教育发展的大环境下,我以项目运作为主线带动教师梯队整体发展,建立有关教育教学不同类别的项目,以任务驱动为抓手,设计针对教师的学习内容、实践任务和研究内容,鼓励教师勇于实践,敢于接受挑战和失败,在参与的过程中反复锤炼自我。此外,我还建立有效教研机制,以主题研修为依托推进教研组整体建设,使教师具备从'教书匠'向'教育家'转变的意识，具备终身学习能力，做研究型的教育者。同时以单元设计为手段来更快地促进教师个性化的成长，使得教师具备对教材的把控和分析能力，对美术教育核心价值的理解和贯彻，对课堂教学的观察和思考，以及对相关问题的处理能力。向课堂要质量，站稳课堂这个重要阵地，是教育教学成败的关键。我以课堂观察为检测方式，通过观察，对教师的课堂运行状况进行记录、分析、研究，通过关注课堂实践来提升教师的综合专业能力。在带领团队发展的过程中，我还特别注重帮助教师寻求自我方向性的拓展和延伸，鼓励他们做有特色的教师，善于利用自身优势发展教育教学事业，形成独特的人格魅力，使自我对教师职业的认同感更为深刻，让自己的职业生涯更精彩，让教师在寻找自我价值体现的过程中，感受作为一名教师的幸福感，这也是成为一名优秀教师的必经之路。"

（二）建设高质量学科团队

立足校本研修、责任杯教学专题活动、专家导师指导，以学科团队为载体，落实课程建设、教师发展、课堂改进、学生培养四项任务。通过主题研训、项目科研、技术赋能、教师阅读、观点表达等，实现真问题解决、真实践教研，不断形成高质量学科专业团队。

（三）打造自成长项目团队

依托特色项目，以需求导向形成项目团队，实现项目创新突破，打造具有专业影响力、具有充分自成长驱动力的项目团队。通过青年教师研修项目、高校或各级研究机构研究课题实验基地项目等，让教师做喜欢的项目，在教学过程中实践自己的主张，发挥自己的优势，并形成课题进行研究。在研究过程中，教师有更好更自由的沟通交流，形成了一种相互追随、互为导师、积极的常态。充分发挥教师在教学、科研、课题建设方面的创造力量,充分发挥彼此之间相互影响的作用,促进教师之间共同进步,助力优秀师资队伍的组建。

我校青年教师丁燃如是说:"2019年,在我还是一名见习教师时,学校作为基地学校,为我们组织了系统性的有针对性的培训,指导我们进行考评课的准备。那年暑假,我通过了浦东新区对见习教师的推优考评和区内复赛,有幸得以参加上海市见习教师基本功大赛,其间得到了大家的倾囊相助——学校在得知我十分担忧自己的弱项后,特意为我请来专家相助,并为我加油打气;专家导师们对我们进行点拨与指导;组内老师们帮助我仔细研磨课堂教学设计,严格把关;还有来自搭班老师和同组老师们的温暖相助。2020年开始,我有幸参加了学校的项目化学习的设计工作,居家学习期间的线上主题项目化学习活动,外语节项目化学校活动,还有现在各学科都展开得如火如荼的学科项目化活动教学设计。参与项目化学习活动的经历也让我对教学活动的目的和组织形式有了新的认识。2022年,我加入了紫藤阅读小组,参与了上海市儿童文学阅读大赛的比赛,上了一堂面向全国小朋友的网络公开课,准备的过程以及和大家共同备课教研的过程,让我对儿童文学的教学有了新的认识。在这一段奇妙的旅程里,我不仅收获了经验和成长,还有许多奇妙的缘分。身在福山这片高地上,系统的培训体系和来自四面八方的关怀与爱让我这只'小小鸟'也能借力振翅一飞。"

(四) 赋能自动力教师个体

制订新一轮个人发展规划,推进高端教师、高级教师增长计划,骨干教师后备队伍培养,以及青年教师发展。创新教师活动,以马斯洛需求理论为导向,对接需求内涵,丰富活动价值,增强教师对学校的归属感,对职业的幸福感,落实"幸福+"工程,众筹金点子,点亮福山教师"高光"时刻,实施暖心关爱活动,点缀日常"小确幸"瞬间。

谈及自己从一名普通教师成长为区骨干的心路历程,我校孙水红老师是这么说的:"从一名普通教师成长为区骨干,我想主要有三个方面原因。第一,浓厚的教研氛围耳濡目染。刚加入福山时,我就发现在福山数学组,有一大批区级骨干教师,这些教师的专业素养都很高,且很愿意帮助他人,有很强的辐射引领作用。除了每周一次固定时间的教研活动,每天课前课后对教学内容的探讨也是我们的日常,所谓教学相长,在同事之间、师徒之间,也是适用的。无论是年轻老师,还是有一定经验的我们,都能不断学习、不断进步。第二,个人规划明确了努力方向。钱校长会和每位老师一对一探讨这一规划,具体细化到每一个环节,需要学校提供什么资源,学校都会支持,还会鼓励我们'跳一跳',向更高一些的目标进取。比如我原先制订的计划是校骨干教师,校长鼓励我可以向区骨干努力一下。第三,学校给每一位老师提供了公平的专业提升机会。任何一名普通教师,只要你愿意,都有参加各类培训、比赛、交流的机会。如,中英数学交流项目,当时每位老师的邮箱中都收到了这一通知,有意愿的老师可填写报名表,再在区、市级的遴选中努力脱颖而出。又如,浦东新区名师基地培训、教育学会论文征文比赛、青年教师爱岗敬业教学技能比赛、中青年教师教学评比等,学校都会以邮件形式群发,每位老师都有机会参与。学校会提供全方位的资源支持,包括聘请专家来指导,组内老师也会毫无保留地帮助打磨课堂。过程虽然艰辛,但每一次都是历练与提升,自己日常的课堂也会越来越生动、有趣,学生们越来越喜欢上我的数学课,这应该就是做老师最幸福的一件事了!"

三、信息赋能,助力学校生态再优化

学校生态再优化的过程是一个系统性、全面性的工程,需要从多个方面入手,以确保教育体系更为健康、有机地发展。学校致力于推进教育数字化转型,聚焦问题突破、创新实践,赋能学校发展,构建基于数据驱动的智慧校园。以教育新基建增强教育软实力,构建学习空间、评价空间和管理空间的良好生态,全面推进教学变革,实现教、学、评一致,优化学校教育生态。构建与学校课程、教学和管理相整合的数字化背景下素养导向的校本评价体系,实现对每个学生科学、动态、发展性的素养评估和诊断,深化学校课程和教学改革,促进学生健康而全面地发展。

(一)搭建素养导向下的校本评价系统数字基座,实现数据融通赋能的集成式管理

为推进教育数字化转型,构建聚焦问题解决、赋能学校特色发展的数据驱动的智慧校园,我校以顶层设计、单点突破、高效运转、系统创新的思路综合学校发展规划,以教育新基建为基础,通过对接区域性数字基座,完善支持学生综合评价体系的数字基座,以数据集成式管理推动素养导向下的校本评价系统的运行,以此构建新型学习空间、评价空间和管理空间,全面优化学校教育生态,实现从"平台通"到"数据通"再到"管理通",从而实现智慧校园的创建。

(二)开发素养导向的数字化校本评价系统,推动"教、学、评"一致的教学转型

我校建设素养导向的校本评价系统,包括素养模型、证据框架、评分系统三个部分,通过空间、课程、教学、技术的融合形成个性化的学习支持体系,以更精准的数据信息支撑获得更全面、准确、有效的评价,以评价促进学习,推动"教、学、评"一致的教学转型,实现学生核心素养的提升。

1. 以培养目标为引领,研制素养模型

我校在充分开展文献研究,了解国内外核心素养研究综述,分析中国学生核心素养内容、OECD 素养模型和新课程方案的基础上,从学校办学理念、培养目标出发,研

制福山外国语小学素养导向的校本评价系统的素养模型,包括通用素养模型和学科素养模型两方面。

基于学校课程三模九块目标体系、福山形象少年评价体系,以福山学生培养目标为指向,收集与研究学科相关的文献、教材、课程标准等资料,根据学科的特点和培养目标,提炼出学科素养中的核心概念和技能,拟在认识自我、对话社会、助益世界三个维度,从自我接纳、自我管理、社会参与、沟通协作、创新精神、国际理解六个方面确立学生发展素养模型(如表6-1所示)。

表6-1 学生发展素养模型

我们从这里走向世界		
认识自我	对话社会	助益世界
自我接纳(自我认知、悦纳自我、心理韧性、成长型思维)	社会参与	创新精神(批判性思维)
自我管理(情绪、目标、行为、时间……)	沟通协作(领导力、协作力、沟通力)	国际理解(全球意识、跨文化素养、文化认同)

2. 以素养模型为导向,设计数字化校本评价体系

素养导向评价超越了传统评价通常仅关注学术成绩的局限;强调评价结果的反馈和应用,促进学生的个性化学习和教师的教学改进;鼓励教师和学生共同参与评价过程,促进了评价的互动性和参与性;通过证据框架和量规评分系统,确保了评价的客观性和一致性,增强了评价的过程性和全面性。

引入数字技术支持,以我校搭建的数字基座为数据收集与分析的载体,根据我校研制的学生发展素养模型,开发证据框架与评分系统,建立素养导向下的数字化校本评价体系。通过空间、课程、教学、技术的融合形成个性化的学习支持体系,开展"教、学、评"一致的数字化教学实践,以更精准的数据信息支撑获得更有效的学习活动,以更全面、准确、有效的评价促进学生的学与教师的教,助力每个学生走进更广阔的世

界,以实现综合素养提升和全面发展。

3. 以"表现性评价"为突破口,开发证据框架与评分系统

开发数字化校本评价系统的证据框架的重点是设计能够引发学生在具体的问题情境下展示其所学知识和技能,以及核心素养相关表现的评价任务。相较于学业质量检测,表现性评价提供了真实或模拟真实的问题情境,可以使学生通过实际任务的完成和表现,充分发展学科知识和技能,培养出跨学科思维、创新能力、社会责任感等综合素养,能更好地满足学生实际能力发展和综合素养培养的需求以面对未来的挑战。因此,我校在进行素养导向下的校本评价系统的证据框架和评分系统的开发时将以"表现性评价"的设计为突破口。

教学过程中,基于各学科单元教学设计表现性任务,有针对性地根据证据框架的维度对学生的学习证据进行收集,开发基于学习进阶的评分系统,对学习证据进行量规评分,以此评估学生在知识与技能、学科素养和跨学科素养方面的发展情况。学校和教师将引入评价结果,结合课程改革提出的目标,制订满足学生发展的个性化和差异化需求的教学计划。同时,教师和学生还可以共同参与评价结果的解读和反思,促进学习效果的提高和持续改进,实现学生素养的培育与发展。

4. 以教学实践验证,实施素养导向的数字化校本评价系统建设

在素养导向的数字化校本评价系统的设计与实施中。基于已研制出的素养模型、设计好的表现性任务与开发好的评分系统,我校将先进行试点学科试点年级的学科实践活动来论证素养模型的科学性。以学科组为单位,初步设定每个学科每学期一个单元项目作为证据基础,开展数据驱动的课堂教学深度变革研究,打开学习与评价新空间,积小变为大变。根据实践的反馈和评价结果,及时调整和改进素养模型和评价指标,确保素养导向的数字化校本评价系统的科学性和有效性。以点带面地在实践与论证中实施素养导向的数字化校本评价系统的建设。

（三）教师数字化素养的提升与专业化发展

学校在进行数字化校园的建设和实践中，通过组织专门的培训和指导，向教师介绍各类数字化平台和校本评价系统的理念、原则和操作方法。教师在素养导向下的数字化校本评价教学实践中，在多种教育信息平台、在线学习平台和元宇宙智慧学习空间的实践中，通过实际操作来体验和掌握数字化评价工具和平台，实现"做中学、学中创、创中思"，感受更便捷、高效的教学工具和平台。这样既能激发教师对数字化教学的兴趣和认同，又提升了教师的数字化应用能力。把数字素养提升纳入到教师生涯规划中去，通过技术认可、项目论证、激励评价等方式给予教师正向反馈，引导教师主动培育数字思维，生发"数字化新理念"，促进教师专业发展，实现教师队伍质量提升，保障素养导向下的数字化校本评价系统的实现，推动数字化校园转型。

综合而言，学校依托上海市教育信息化应用标杆学校创建这一载体，整合式构建评价空间、学习空间和管理空间的良好生态。一是构建新的评价空间，推进素养导向的校本评价系统。即以促进核心素养、实现育人价值为指向，以构建新的评价空间为突破口，形成福山外国语小学校本素养评价系统，包括素养模型、证据框架、评分系统、个性化档案袋与数字支持平台等部分。二是构建新的学习空间，创造符合学生需求的个性化学习。即以学生核心素养发展为指向，以学科单元学习表现性任务为主要依托，以发展性评价量规研制为突破口，以精准教学为依托，以数据驱动为支撑，形成新的学习空间，推动学习方式变革，实现"教、学、评"一体化，满足学生个性化学习需求，促进学生综合素养发展。三是构建新的管理空间，实现数据融通赋能的集成式管理。即基于《上海市教育数字化转型"十四五"规划》《上海市教育数字化转型实施方案（2021—2023）》等文件，综合学校发展规划，重新梳理当前的信息化应用、教育教学数据和应用，应用物联网、大数据等技术完善现有的基础设施；引进浦东新区教育数字基座，并与学校的教育信息化平台进行有效整合，实现统一用户认证、统一数据交换、统一应用接入。如此一来，学校可以推动智慧校园建设，从而打造一个良好的学校生态。

这一过程不仅仅是技术层面的提升，更是对教育理念、管理体制的全面优化，为学校的可持续发展奠定坚实的基础。

四、守正创新，促使学校发展创佳绩

三十多年来，福山人一直在不断创新，用教育行动对追求卓越的精神文化进行续写、丰富与创造。经过三十余年的办学积淀，福山成为家长信任、社会认可的高品质学校。学校相继被评为全国中小学教师培训示范学校、全国少先队红旗大队、全国项目化学习联盟校、上海市文明单位、上海市文明校园、上海市首批教师专业发展学校、上海市优秀教师专业发展学校、上海市见习教师规范化培训优秀基地、上海市教科研先进学校、上海市安全文明校、上海市心理健康教育示范校、上海市行为规范示范校、上海市家庭教育示范校、上海市依法治校示范校、浦东新区智慧校园、浦东新区人工智能实验校、浦东新区艺术特色校、浦东新区科技特色校、浦东新区未成年人思想道德建设工作示范校、浦东新区党建示范点、浦东新区一级党支部、浦东新区先进基层党组织、浦东新区先进教工之家；获得国家级教学成果评选一等奖、上海市级教学成果评选一等奖。福山的校园创建力、社会辐射力、国际影响力持续增强。

经统计，2019年至今，我校先后有100多人次在上海市中小学中青年教师教学比赛、上海市班主任基本功系列竞赛、上海市见习教师基本功比赛、浦东新区爱岗敬业教学比赛、浦东新区新苗杯等市、区级各类教学专业比赛中获奖。相继有近40位教师在上海市项目化案例评比、浦东新区论文评比中获奖，发表的论文近50篇。学校和教师个人立项30多个市、区级课题；各学科累计30多次线上线下承办区推动课程改革与课堂教学改进的研究任务和展示活动等工作。学校在各类综合评估、教学评估中表现优秀，获得多项集体奖项及优秀组织奖。

五、多维协同,实现学生发展提素养

教育是 70% 的等待和 30% 的唤醒。教育就是影响,好的教育一定会影响一个家庭,一所好的学校一定会造就一方的文明。我校持续关注促进教育多样化、增强学习的社会连接、提升学生的精神层次等方面,致力于让学生在努力奋斗的过程中形成独立自主的人格、构建良好的人际关系、养成坚韧不拔的品格。

(一) 拓宽学习边界

福山利用一切有利于学生发展的资源,包括融合课程资源、数字化建设等,通过空间资源整合设计、智能资源深化运用、社区资源紧密合作、专家资源按需匹配、家长资源合力联动、校友资源逐步挖掘,推进无边界学习,赋能学生成长。具体表现在:一是增强学习的场景性,即打破校园的围墙,链接引入一切有利的资源,实现课程内容的极大拓展,让学生可以线上线下混合学习,整个世界都变成学生学习的平台;二是增强学习的持续性,即学习方式灵活多元,把知识学习与社会实践、公益服务、参观考察、研学旅行等结合起来,使正式学习与非正式学习融为一体;三是增强学习的交互性,即利用大数据技术让教育变得更加智慧,突破现有班级组织,根据需求利用平台社区开展信息交互,促进学习组织更灵活。

(二) 评价导向促内驱

以学生自律性管理、自主性成长为目标,以评价为导向、以活动为载体、以学生为主体,开展主题综合实践单元化活动、主题活动项目化学习、主题特色活动等,在劳动教育、社会化发展方面开展系列活动,丰富完善"福山形象少年"德育课程体系,培育"福山形象少年"。

学校通过积极的评价和反馈,发展学生对任务和学习的内在兴趣并形成可持续的、基于兴趣和愿望的学习动机；强调对个体差异的理解和尊重，不同的学习者有不同的兴趣、学科天赋和学习节奏，个性化评价可以更好地满足每个人的需要，促使他们更好地发挥潜力；关注学习的过程和成长，关注学生的努力、改进和克服困难的能力，评价导向可以促使学生培养积极的成长思维，使他们更愿意面对挑战和学习新的知识；培养学生的自我监控和自我评价能力，在任务驱动与表现性评价的过程中，学生可以学会独立地评估自己的学习进展，并能够设定和调整个人学习目标，这种自我监控和自我评价侧面为学生提供了学习的策略支架。

总体而言，学校"评价导向促内驱"的理念培养了学生的自主学习能力和内在动机，在学生学习过程中取得了积极的成果，并帮助学生形成了持久的学习动力。

（三）学科育人重养成

学校强调培养学科知识的同时，也注重学生的全面素养和个性发展，不仅要培养学生的学科知识和技能，还要关注他们的品德、思维方式、创新能力等方面的全面发展。

首先是学科知识的培养，学科育人注重培养学生在特定学科领域的知识和技能，包括基础的学科知识，如数学、语言、科学等，以及高阶的分析、创新和解决问题的能力。其次是全面素养的培养，包括语言表达能力、团队协作能力、批判性思维、创造力等方面的发展，旨在使学生在不同的领域都能有所建树。再次是对个性养成的重视，学科育人强调个体差异和个性发展。教育不仅要满足学科知识的传授，还要关注每个学生的兴趣、激情和天赋。通过激发学生内在的动力，促进其积极参与学科学习。从次是培养创新能力，鼓励学生思考问题、提出新观点，并能够在解决实际问题时展现创造性。这有助于学生在未来面对不确定性和挑战时具备更好的适应能力。最后是社会责任感，学科育人强调培养学生的社会责任感和公民意识。通过社会实践、志愿活动等形式，促使学生关心社会问题，培养他们的社会参与意识。

总体来说，学校各学科更关注全面育人，强调在学科教育中兼顾全面素养和个性发展的教育理念,培养既有扎实学科知识又具备全面素养和创新能力的学生。

(四) 家校协力育素养

家校合作共育是指学校和家庭之间建立积极、密切的合作关系,共同为学生的全面发展提供支持和引导。学校致力于建立良好沟通机制、制定家校明确合作目标并鼓励家长多渠道参与学校活动。例如,继续领跑家庭教育,开展模块化研修课程、渐进式行为引领、案例式研究分享、激励式评优示范,实现家校协同力行,身先垂范导行,给学生的行规养成提供良好的学习生态和保障支持;引导家长在家庭日常中持续关注学生全面素养的养成,尤其是生活教育、生命教育、劳动教育,懂规矩、育习惯;建立支持机制,促进家庭教育深度参与,做实家庭教育特色项目、课程,重点推进"福爸成长课程",如"福爸训练营跑团"活动,推进线上线下融合的家长课程,继续推进"福山家长荟",优化家委会遴选机制。

家校共育有助于形成有机的教育体系,为学生的全面发展营造完整统一而又充满温度的成长环境。目前,福山家校之间已形成教育共识,具备良性互动模式,为学生综合素养的培育提供了有力支撑。

(五) 五环合力促成长

在上海市心理健康教育示范校的基础上,我们进一步深化了心理教育,致力于打造独具特色的品牌项目,以提升学生的生命力量。其中,我们特别依托心理绘本,通过富有启发性和情感共鸣的绘本故事,引导学生深入思考、感悟生活,提高心理素养。此外,为了全面推进心理健康教育,我们采取了多元化的策略。第一,通过设立各类心理健康教育社团,鼓励学生在兴趣和专业领域展开探索,培养他们的团队协作和问题解决能力。第二,将心理健康教育融入学科教育,使学生在各个学科中都能够感受到心理健康教育的渗透,增强知识的整合性和实践性。通过这些努力,我们致力于让学生在学业中获得更为全面的体验,提升他们的心理能量。第三,为了更好地关注学生的成长,我们全面深化了全员导师制度。在构建符合学校文化特色的全员导师制时,注重师资队伍培训,使导师更具专业性和关怀心。通过手拉手、心连心、肩并肩的方式,在同学间建立紧密的伙伴关系,帮助学生在游戏中发现自己,建立自我认知,在同学和同伴的陪伴中培养合作精神。通过师生之间的谈心,促进心与心的平等交流,营造温馨的对话氛围,感受教师的关切和引导,激发学生成长的动力。第四,鼓励亲子聚力,通过家庭的相助,形成一种共同的育人力量,让学生在多个维度中都能够感受到关爱和支持。

学校在心理健康教育领域已经形成具有学校特色的新经验、新机制,我们期待在此基础上继续做实做深做强心理健康教育特色及品牌项目,依托心理绘本提升生命力量,开展心理健康教育,通过社团探索、学科推进、全员导师以及亲子聚力等方式,全面深化学生的体验和感受,增强学生的心理能量,实现育心助力幸福成长的发展目标。

(六) 小结

高质量的教育要关心学生的全面成长;高质量的教育要关心全体学生的成长;高质量的教育既要关注学生的当下,又要放眼学生的未来。在当下,我校聚焦"为每一个孩子提供开阔而适切的教育"办学理念,适切的教育就是尊重每个孩子的发展规律、个性特点和兴趣爱好,为每个孩子提供满足其发展需求的个性化教育,让每个孩子都能成为更好的自己。新时代教育改革呼唤实现人的自由、全面、健康发展,意味着要关注学生的核心素养培育,要关注学生的和谐发展,要关注学生的个性化发展。福山在办学实践上坚持全面发展与个性发展的统一,尊重和关注每一个学生的兴趣爱好,发现和培养每一个与众不同的学生,促使每一个学生实现在人文底蕴、科学精神、学会学习、健康生活、责任担当、实践创新方面的全面和谐发展。

首先,校本研修引领团队始终坚持追求卓越、无私奉献、团结协作,秉承"我在福山,做更好的教育",创建学习共同体、决策共同体,领衔改革创新项目;其次,管理团队坚持身先垂范、责任担当、勇于创新,开展工作专题汇报,管理实务培训,定期分享管理案例;再次,党团员队伍坚持先锋模范、讲求奉献、创新争先,承担岗位志愿者,开展社会服务,创建优秀党组织;最后,教师队伍坚持坚守初心、脚踏实地、守正出新,坚持"凡我所在,皆为福山",上下同欲,共创新未来。

行动,坚持行动,才能决定价值。共行方能致远,福山人将一如既往地坚守教育的责任与使命,不仅在教育理想的天空下执着追寻,而且永不停歇地承载着美丽的教育梦想。因为学校总是与梦想同行,生命成长、文化传承、社会进步、民族复兴,对学校教育寄予了更多期盼。正如诗人泰戈尔所说的:"向前走吧,因为沿着你的路,鲜花将会不断开放。"福山外国语小学,一路走来,在价值坚守中蜕变出新,走过了无数鲜花盛开的境地。接下来,在新的发展时期,福山师生将继续以更加有力的步伐行走在教育的开阔大路上,携手共行,温暖坚定,努力实现福山教育的价值。

第三节 共享价值,引领辐射出特色

学校教学研究的成果应该表现为今后教育教学改进的资源。所以,以提高教学效率,促进信息共享为目的的资源建设应该纳入教育教学研究的范畴。一方面,这是对提高教学资源建设质量的呼吁,希望教学资源建设能够更多地按照研究的路径来进行,克服以往教学资源建设过于依赖经验等局限;另一方面,这也是对教育教学研究目标和内容的一种导向,教师研究活动的开展应该能为自己和同行提供更多促进教育教学活动改进的资源或素材,与教师的教学实践相结合[1]。近年来,我校延续开放教育、开放办学的传统,使更多人了解福山,也充分体现了学校在对外交流中发挥的辐射力和影响力,连续开展了国际交往、跨省市交流、市/区协作、校际互动等多层面、多形式

---

[1] 王晓红.初中英语教师校本研究能力培养模式[J].语文学刊(外语教育教学),2015(04):96—98.

的交流与展示。

一、骨干输出,发挥名优教师辐射作用

学校日趋成熟的校本研修制度已经辐射到托管学校、独立建制的新校、结对学校,我校还承担了区内支教工作,先后输出管理人员和骨干教师共40多人,积极推进区域教育优质均衡发展。在示范引领、智慧分享、管理支持的过程中,我校不仅实现了对福山研修制度与福山研修资源的传承和弘扬,以及对福山骨干教师队伍的培养和发展,也助力了相关学校的快速发展,这表明福山不仅关注本校发展,更注重以"输血""孵化"的方式促进共同发展,从而最大限度地发挥优质资源的效益。2016年至今,学校先后为区内培养见习教师近170人,为兄弟学校及外省市学校培训教师及骨干教师超过200人次。

通过持续实践,学校实现优秀教师持续"造血"机制,满足人才的交流需要,学校目前已经形成实践经验,为发挥对外示范辐射作用助力。

二、立足特色,深化国际理解教育理念

习近平总书记曾发表重要讲话:"展形象,就是要推进国际传播能力建设,讲好中国故事、传播好中国声音,向世界展现真实、立体、全面的中国,提高国家文化软实力和中华文化影响力。"随着教育国际化理念的渗透与普及,福山的国际理解教育办学特色备受关注,北京、海南、江西、广东、江苏、天津、浙江、四川、云南等众多地区纷纷派教师前来福山学习经验,学校通过组织专项培训和分享交流活动,有效推广建设国际理解教育品牌的经验,福山教育的品牌效应在这个过程中得以凸显。学校还受邀在杭州市江干区首届国际理解教育精品论坛、上合组织国家教育人文交流论坛作专题交流。学校的"国际理解教育"课程在浦东新区小学校本课程评比中获"精品课程"称号,并代表

浦东新区参加"上海市小学阶段校本课程"展示活动。

随着国际理解教育的开展，福山文化不断滋养着福山教师，福山更成为更多教师的精神家园。学期末的问卷调查表明，家长对我校国际理解教育持续满意，认为孩子非常喜欢这门课程。对于学校开展的国际理解教育主题活动，家长不但主动关心且热心参与，甚至做起了"妈妈教师""爸爸教师"，他们亲身介绍与自己的工作相联系的国际理解教育相关专题内容。

三、广泛交流，全面展示学校师生成长

自开展国际理解教育以来，我校学生100％参加国际理解教育课程学习、100％参加国际理解教育重大主题活动。一直以来，国际理解教育都被学生评为最喜欢的课程之一。学校已组织将近40批接近2 000人次参与海内外游学活动，涉足国家或地区12个，并曾多次接待境外师生造访。国际理解教育特设课程的学习以及深度的跨文化学习活动，为学生创造了实践知识、参与合作的机会，学生取得了全方面的发展。我校学生参加了悉尼音乐节、奥地利音乐节，在国际舞台上表演了具有传统特色的舞蹈、民歌唱段、民乐演奏等，被媒体称为"中华文化的使者"。

我们的外语节

今年外语节我们班级学习的主题是互联网，外语节当天班级的前后门变身成了创意互联网造型，美丽而梦幻，让人惊叹，而前后门之间的墙上，除了互联网的主题以外，都是我们四(2)班同学参与探究学习的照片花絮，每个同学的身影，都出现在了这面墙上。教室里，同学们轮流做讲解员，给进来参观的同学依次讲解互联网的发展历史、互联网的使用调查、"我"眼中的互联网、互联网创意模型制作等。在外语节期间，每个人都是主角，我们自己设计印章和吉祥物，制作互联网的创意模型、

> 设计互联网的调查表格、查阅互联网前世今生的资料。我们分工合作，展示自己的成果，分享其他班级的创意和礼物，享受着节日的快乐。
>
> 　　外语节，为我们打开了一扇扇的窗，我们经历了创意设计、动手制作、查阅资料、设计问题和表格等学习过程。我们领略了文化、体会了创新过程、体验了团队合作。经历了这样的外语节熏陶，相信在以后的学习活动中，我们的思维会更加活跃，更加有创意、有思路。
>
> ——四（2）班
>
> 　　今年外语节的主题是"一带一路"，我们四年级探究的主题是"永恒的敦煌"。敦煌莫高窟的壁画描绘了古代人们生活的场景和文化的发展。壁画中汉服的配色与众不同，通常使用鲜艳的色彩。壁画中最为著名的就是姿态万千、造型优美的舞蹈形象，令人印象深刻。中华文明从敦煌走向世界，我们从福山走向世界。我们传承敦煌文化，既要认真学好中华民族博大精深的传统文化，写好汉字、诵读古诗，传承中华美德，还要学好外语，了解世界大事，开拓国际视野，为将来助益世界打好基础。
>
> ——俞彦铭

　　在推进国际理解教育过程中，100%的教师参与研究，累计有200多位教师参与国际理解特色课程研发，100%的学科教师开展学科渗透。有将近200人次教师参与国外学校互访活动，教师在国际教育领域具有更加广阔的视野，很多教师在国际课程开发、教育技术应用、学生多元智能培养等方面开展了很多大胆的教学试验。通过各种形式的培训和自身的积极投入，教师的教育观、教学观、学生观发生了重大改变，师生关系更平等、更民主，课堂教学更多元、更开放。教师积极主动参与，潜力得到了很大激发，在理解、尊重、包容、合作、分享的和谐氛围中，教师获得了前所未有的认同感和归属感，形成了"争创一流，追求卓越"的学校文化，在这样的氛围下，很多教师个人专业成长迅速。

　　福山的老师如是说："记得曾有人说，人生中最幸福的相遇是有人认出我们和我们的能力,点亮我们最高潜能的电路时。这样的相遇是一种美,是一种缘,是每一颗平凡的心灵所渴求、企盼的。对于一个成长中的教师来说,又何尝不是呢?在执教了国际理解教育课程之后,我收获颇丰,自身的素质也因此得到提高,我体会到了执教国际理解教育课程的幸福,我体会到了做教师的幸福。当一串串紫藤花开放在枝头的时候,我们迎来国际理解教育的主题活动之一——福山外语节,那又是另一种幸福。福山外语节就像一本装帧精美的画册,值得让所有人细品,因为她,通古知今、博学万千;因为她,承载厚重、灵感互动。福山外语节是学生成长的摇篮;更是为福山青年教师的成长造就了难得的机遇,文化的多元,思想的多元,经验的多元,修养的多元,福山的教师在外语节中所体验和经历的学习,就是一种无与伦比的幸福,是我们教育生涯中永远值得纪念和回忆的亮点。"

四、国际对话,分享教师发展福山经验

学校以开展与新加坡等学校的交流为契机,拓展多种渠道建立国际友好(姊妹)学校和国际教育交流基地,开展形式多样的交往,如在线特色课程、中英数学交流等,以及教育改革经验等的对话与合作,实现优质教育资源的互通。学校积极争取和参与联合国教科文组织、国际儿童读物联盟等国际文化与教育组织的合作交流项目,促进学校教育的国际化,为提升综合实力和国际辐射力贡献力量。

作为一所国际理解教育特色学校,福山海纳百川,以独特的国际视野与国际知名学校进行对话。英国、俄罗斯、埃及、美国、奥地利等国驻沪总领事曾多次参加学校的国际理解教育主题活动,加拿大政府前总理哈珀曾给活动写来贺信;2014年、2015年学校连续两年接待了英国教育部、英国国家数学教学卓越中心,以及英国学校的官员、专家、校长、教师的参观访问,英国教育和儿童事务部副部长丽兹·特拉斯(Liz Truss)来沪"取经",到我校访问;新加坡正华小学、瑞典卡尔森学校、南非教育研究生团队、美国东密歇根州的教育专家团队、日本教育团等学校/团队的专家和教师来访我校,对学

校办学和教师培养制度均给予了高度评价。

　　学校正是依靠一支讲发展、要发展、求发展、争发展的教师团队,实现了教师队伍的良性发展,同时也正实现着每一个福山教师的全人发展和幸福成长。在新时代教育高质量发展背景下,福山把握发展机遇、迎接挑战、创新教育,持续高标准办学,高质量发展,秉承"追求卓越、崇尚一流"的办学精神,期望为教师与学生提供更为广阔的未来发展空间,也为社会培养更多有社会责任感和创新能力的优秀人才。

主要参考文献

1. Fullan, M. & Hargreaves, A. Teacher Development and Educational Change [M]. London: Routledge, 1992:1.
2. Schwarz, G. & Alberts, J. Teacher Lore and Professional Development for School Reform [M]. Westport, Conn.: Bergin & Garvey Press, 1998:152.
3. 陈倩. 大概念统整的学科项目化学习设计研究[D]. 成都: 四川师范大学, 2020.
4. 陈霞. 教师专业发展重在激发与唤醒教师的内生动力[J]. 现代教学, 2023(09):1.
5. 陈向明. 实践性知识: 教师专业发展的知识基础[J]. 北京大学教育评论, 2003(01):104-112.
6. 陈雅玲. 教师团队合作学习: 意蕴与实践[J]. 中国教育学刊, 2013(04):82-84.
7. 陈雅玲. 教师团队合作学习之我见[J]. 教育探索, 2012(06):107-109.
8. 车丽娜. 教师文化的嬗变与重建[D]. 济南: 山东师范大学, 2007.
9. 崔允漷. 学科核心素养呼唤大单元教学设计[J]. 上海教育科研, 2019(04):1.
10. 邓涛, 鲍传友. 教师文化的重新理解与建构——哈格里夫斯的教师文化观述评[J]. 外国教育研究, 2005(08):6-10.
11. 顿继安, 何彩霞. 大概念统摄下的单元教学设计[J]. 基础教育课程, 2019(18):6-11.
12. 傅湘龙, 席梅红. 教育强国背景下高质量教师队伍建设指标体系建构[J]. 教育研究, 2023, 44(10):115-124.
13. 高桂敏. 自主更新: 教师教学技能形成与提高的新视角[J]. 教育探索, 2012(09):119-120.
14. 郝敏宁. 影响教师专业发展的因素分析[D]. 西安: 陕西师范大学, 2008.
15. 何晖, 许美思, 林海龙. 纵横联动、多方协同中小学教师发展体系研究[J]. 教学与管理, 2021(30):26-30.
16. 胡永新. 论教师参与课改的内驱力激发[J]. 教师教育研究, 2006(06):22-24+15.
17. 华逸云. 教师领导视角下的学科团队建设——基于上海市"小学语文课程开发"团队建设的个案研究[D]. 上海: 华东师范大学, 2016.

18. 李刚,吕立杰.大概念课程设计:指向学科核心素养落实的课程架构[J].教育发展研究,2018,38(Z2):35-42.

19. 李松林.以大概念为核心的整合性教学[J].课程·教材·教法,2020,40(10):56-61.

20. 刘竑波.一项关于教师专业发展的实践研究——用多元智能理论促进教师专业成长[D].上海:华东师范大学,2004.

21. 刘徽."大概念"视角下的单元整体教学构型——兼论素养导向的课堂变革[J].教育研究,2020,41(06):64-77.

22. 刘徽,徐玲玲.大概念和大概念教学[J].上海教育,2020(11):28-33.

23. 刘徽,杨佳欣,徐玲玲,等.什么样的失败才是成功之母?——有效失败视角下的STEM教学设计研究[J].华东师范大学学报(教育科学版),2020,38(06):43-69.

24. 吕立杰.大概念课程设计的内涵与实施[J].教育研究,2020,41(10):53-61.

25. 卢真金.教师专业发展的阶段、模式、策略再探[J].课程·教材·教法,2007(12):68-74.

26. 钱芳.基于项目任务驱动的教师团队建设[J].现代教学,2019(09):65-66.

27. 钱芳.实践共同体视域下高质量教师队伍建设路径研究[J].上海教师,2023(04):72-79.

28. 钱芳.基于GROW模型激活教师专业发展内驱力的校本建构[J].上海教育科研,2024(03):69-76.

29. 邵朝友,崔允漷.指向核心素养的教学方案设计:大观念的视角[J].全球教育展望,2017,46(06):11-19.

30. 师保国.教师的创新素养:意义、内涵及其提升[J].人民教育,2018(Z2):23-27.

31. 时长江,陈仁涛,罗许成.专业学习共同体与教师合作文化[J].教育发展研究,2007(22):76-79.

32. 宋广文,魏淑华.论教师专业发展[J].教育研究,2005(07):71-74.

33. 谭文丽,朱远平,王娟.基于群体需求的中小学教师分层分类分岗培训[J].教育科学论坛,2020(19):58-63.

34. 唐良平.基于教师专业发展动力机制的中小学教师培训实践探索[J].教师教育论坛,2022,35(03):61-64.

35. 童玉婷.指向素养立意的青年教师项目化校本研修的实践探索——以学正小学为例[J].教育科学论坛,2022(35):38-41.

36. 王殿军.借力新课程 促进义务教育高质量发展[J].现代教学,2022(10):1.

37. 王光明,张永健,吴立宝.教师核心能力的内涵、构成要素及其培养[J].教育科学,2018,34(04):47-54.
38. 王坚定.东京国际理解教育的实践及其对我国教育的启示[J].才智,2013(21):71-72.
39. 王建梁,余子侠.拓展视野探索创新——中外教育交流国际学术研讨会综述[J].河北师范大学学报(教育科学版),2011,13(09):108-112.
40. 王俊.教师知识结构研究[D].上海:华东师范大学,2005.
41. 王利敏."实践共同体"研究综述[J].上海教育科研,2016(12):28-32+36.
42. 王晓红.初中英语教师校本研究能力培养模式[J].语文学刊(外语教育教学),2015(04):96-98.
43. 王晓莉.教师专业发展的内涵与历史发展[J].教育发展研究,2011,33(18):38-47.
44. 夏雪梅.跨学科项目化学习:内涵、设计逻辑与实践原型[J].课程·教材·教法,2022,42(10):78-84.
45. 夏雪梅.项目化学习:连接儿童学习的当下与未来[J].人民教育,2017(23):58-61.
46. 夏雪梅.学科项目化学习设计:融通学科素养和跨学科素养[J].人民教育,2018(01):61-66.
47. 肖丽萍.国内外教师专业发展研究述评[J].中国教育学刊,2002(05):61-64.
48. 熊梅,李水霞.国际理解教育校本课程开发与设计[J].教育研究,2010,31(01):50-55.
49. 徐帅,赵斌.从外塑到内修:教师专业发展的内驱力生成[J].教育理论与实践,2018,38(25):39-42.
50. 杨丽.专业学习共同体视角下教师专业发展的个案研究——以Z市J中学教研组为例[D].郑州:河南大学,2019.
51. 杨明全.论教师参与课程变革[D].上海:华东师范大学,2003.
52. 叶碧欣,桑国元,王新宇.项目化学习中的教师素养:基于混合调查的框架构建[J].上海教育科研,2021(10):23-29.
53. 余文森.论学科核心素养形成的机制[J].课程·教材·教法,2018,38(01):4-11.
54. 于漪.树立职业信仰,增强内驱动力[J].教育研究与评论(中学教育教学),2023(11):1.
55. 张光陆,高超.基于实践共同体模式的学科教学论教师专业能力提升策略[J].宁波大学学报(教育科学版),2023,45(03):69-78.
56. 张烨菁.上海市公立小学教师职业风险感知及影响因素研究[D].上海:华东师范大学,2021.
57. 赵亮.学校行为文化对教师行为影响的研究进展与反思[J].当代教育与文化,2020,12

(4):68-71.
58. 钟启泉.基于核心素养的课程发展:挑战与课题[J].全球教育展望,2016,45(01):3-25.
59. 周芬芬,梁爱萍,王利君.中小学教师团队合作的现状、问题与促进机制[J].教育理论与实践,2016,36(10):44-47.
60. 周汶霏.跨文化交际视野下的国际理解教育[D].济南:山东大学,2010.
61. 周文叶,崔允漷.何为教师之专业:教师专业标准比较的视角[J].全球教育展望,2012,41(04):31-37.
62. 朱旭东.论教师专业发展的理论模型建构[J].教育研究,2014,35(06):81-90.

后记　展望未来，实现教师队伍高质量发展

随着社会的发展和科技的进步，教育领域正经历着前所未有的变革。站在时代发展的前沿，我们一直在思考：教育，作为国家繁荣与民族复兴的关键所在，其核心力量——教师队伍，该如何适应并引领这一变革？

教师是教育的主体，教师的成长和发展直接关系到教育质量的提升和教育改革的成功。教师的思想观念、专业素养、教育教学能力等方面的发展，直接影响到学生的学习效果和全面发展。因此，我们必须高度重视教师队伍高质量发展，不断提高教师的综合素质，为培养新时代的优秀人才提供有力保障。

作为发展理念，"高质量发展"这一话语最早应用于经济发展领域，随着"高质量发展"含义的不断丰富，这一理念不断扩大运用范围，逐渐扩展至不同的发展领域与行业中，并被赋予了新的更为深刻的内涵。聚焦教师专业发展领域，教师队伍高质量发展意指由关注学校师资数量增长、规模扩大的外延转为强调师资队伍结构优化、质量提升与持续发展的内核，关注师德师风建设、教育理念更新、教学方法变革、教师实践共同体的构建以及促进专业可持续发展的终身学习理念的树立等。故而教师队伍高质量发展是指教师个体在专业素养、教学能力、教育理念、情感态度等方面不断提升和完善，构建起更丰富、更深厚、更全面的内在素养和能力。这种发展注重的不仅是教师的知识储备和教学技能，更重要的是教师作为教育者所具备的内在修养、情感态度和教育观念的提升。

回首过去，我们见证了福山教师队伍的蓬勃发展。面对未来，挑战与机遇并存。科技的迅猛发展、社会的多元化需求、教育数字化改革的不断深化，都对教师提出了更高的要求。教师不再仅仅是知识的传递者，更是学生成长的引路人、教育创新的实践

者。教师队伍高质量发展需要我们继续从多个维度进行深入探索和实践。

第一,继续加强师德师风建设。师德师风是教师队伍建设的核心,是教师职业发展的重要保障。我们将继续引导教师树立正确的教育观念,增强教师的职业认同感和荣誉感,培养教师的道德情操和教育情怀,使教师成为学生健康成长的引路人。

第二,继续深化教师专业发展。教师的专业发展是教师队伍高质量发展的重要内容。我们鼓励教师不断更新教育理念,提高教育教学能力,加强学科建设和课程开发能力,提高科研水平和实践能力。同时,加强教师培训和研修,建立完善的教师专业发展体系,为教师的成长提供持续的支持和帮助,激发教师的专业成长动力。

第三,不断优化教师评价机制。教师评价是促进教师队伍高质量发展的重要手段。我们将进一步完善科学的教师评价体系,注重对教师的全面评价,包括教育教学能力、师德师风、专业发展等方面。同时,要注重评价结果的运用,将评价结果与教师的职业发展、晋升、薪酬等方面挂钩,激发教师的工作热情和进取心。更注重从外向评价走向内生评估,以日常化的内在成长生发驱动力。

第四,创新和加强教师团队建设。教师团队是实现教师队伍高质量发展的重要支撑。我们将继续关注并创新教师团队的组建和发展,加强教师之间的协作和交流,形成良好的团队文化和合作氛围。同时,鼓励教师积极参与学校的管理和决策,增强教师的归属感和责任感。

高质量发展的教师队伍能够更好地适应教育环境的变化,更有效地应对学生的多样化需求,提供更优质的教育服务。同时,这种发展也有助于教师个体的成长和满足,为他们的职业生涯提供更广阔的发展空间。教师队伍高质量发展是一个长期而复杂的过程,需要我们以开放的心态、创新的思维和务实的态度去应对。在《凝聚教师成长的力量——教师队伍高质量建设的福山探索与实践》这本书中,我们通过理论阐述和案例分析相结合的方式,深入探讨教师队伍高质量发展探索实践的路径和方法。

我们希望这本书的出版,能够引起广大教育工作者的关注和思考,共同推动教师队伍建设的深入发展。同时,我们也将继续凝聚各方力量,共同推动我校教师队伍高质量发展迈向新的台阶。

在写作过程中,得到了许多专家、学者和教师的支持与帮助。在此表示衷心的感谢。同时,也希望读者在阅读本书的过程中,能够与我们共同思考、共同探索,为教师发展贡献智慧与力量,为实现教师队伍高质量发展共同努力!